Känguruhkinder (linke Seite) verbringen ungefähr neun Monate im Beutel der Mutter. Auch Pinguine dürfen monatelang an Mutters oder Vaters «Rockzipfel» hängen (unten).

Zur Abbildung auf dem Vorsatz: Auch so ein feuriges Pferd wie der Araberhengst Gamet hat einmal auf wackligen Beinen begonnen.

Folgende Seite: Singvögel wie das Rotkehlchen müssen eine harte Schule durchmachen, um sich in ein paar Wochen für das Leben auf eigenen Flügeln vorzubereiten.

Midas Dekkers

Auf eigenen Pfoten

Wie Tierkinder groß werden

Kinderbuchverlag Luzern

BILDVERZEICHNIS

T. Buholzer: 28 – *Coleman:* 19 – *H. D. Dossenbach:* Vorsatz, 87 – *J. Featherlay:* 31 – *A. Fischer-Nagel:* Titelbild, 12, 13, 14, 16, 17, 22, 26, 27, 30, 32, 34, 35, 39, 40, 48, 52, 59, 68, 69, 70, 71, 85 – *E. Hansen:* 8, 10/11, 49, 54, 58 – *Jacana (Suinot):* 1, (Artus-Bertrand): 74 – *J. Xugi:* 4/5, 84 – *F. Labhardt:* 41, 42, 43, 66, 72, 73 – *N. McLeod:* Vorsatz-Rückseite, 18, 51, 64/65, 78, 80, 81 – *A. Meder:* 62, 63 – *M. Meier:* 23, 24, 25, 29, 36, 37, 38, 56, 60, 61, 86 – *M. Rogl:* 2, 44, 50, 57, 75, 82, 83 – *Ch. R. Schmidt:* 7 – *J. Schneider:* 20, 46, 47, 53 – *H. P. B. Stutz:* 15 – *Z. Cizu:* 76, 77.

Titel des Originalmanuskripts:
Op eigen pootjes – hoe dieren groot worden

Aus dem Niederländischen von Paul L. Dinnessen

Bildauswahl: Midas Dekkers und KBV

Satz: F. X. Stückle, Ettenheim
Druck und Bindung: Rotolito Lombarda, Pioltello/Mailand
Printed in Italy
Bestellnummer 1900121

Die Deutsche Bibliothek – CIP-Einheitsaufnahme
Auf eigenen Pfoten: wie Tierkinder groß werden /
Midas Dekkers [Aus dem Niederländ. von Paul L. Dinnessen. Dt. Bearb. Cornelia Krutz-Arnold]. – Luzern: Kinderbuchverlag, 1993
Einheitssacht.: Op eigen pootjes ‹dt.›
ISBN 3-276-00121-7
NE: Dekkers, Midas; Krutz-Arnold, Cornelia [Bearb.]; EST

Inhalt

Links: Große Pandas halten sich überwiegend am Boden auf, doch klettern sie manchmal auch gerne auf Bäume.

Herrlich jung

Aus Ferkeln werden Schweine.
Warum Autos nicht wachsen können.
Eine Kunst, die du bestens beherrschst.
Beim Wachsen wird man nicht nur größer.
Erwachsen werden – die große Entdeckungsreise.

Schweine kriegen Ferkel. Damit tun sie etwas sehr Kluges. Aber wo kommen die Schweine her? Sie gehen aus Ferkeln hervor. Ferkel werden zu Schweinen, und das ist mindestens genauso klug, denn sie tun es ganz allein, so klein sie auch sind. Ihre Mutter hilft ihnen zwar bei allem, aber wachsen müssen sie schon selbst. Das können sie ganz ausgezeichnet. Als sie kaum grunzen konnten, wußten sie schon, wie man aus Muttermilch und Viehfutter ordentliche Schinken macht und sich Speck zulegt. Und auch den Ringel in ihrem Schwänzchen hat niemand für sie hineingedreht.

Wie schafft so ein Winzling das eigentlich? Das müßtest du dich eigentlich selbst fragen, denn du verstehst dich auf diese Kunst genauso gut – auf das Wachsen. Aus Öhrchen hat du Ohren gemacht, aus deinen Nierchen werden Nieren, und es wächst in und an dir alles, was du brauchst, um später eine Frau oder ein Mann zu sein. Aber wie das eigentlich geht, das Größerwerden, das weiß noch niemand so genau. Es geschieht ganz von selbst, während du in der Schule bist oder fernsiehst. Sogar im Schlaf wächst du noch. Wachsen ist etwas Seltsames und Schönes. Mäusejunge können es prima, auch wenn ihre Äuglein noch geschlossen sind – und geradeso wie alles andere wächst auch jede Eichel. Und doch kommen die gescheitesten Gelehrten nicht dahinter, wie das vor sich geht. Superschnelle Züge bauen sie und die schönsten Spielzeugeisenbahnen, aber wie aus den Kleinen Große werden, das wissen sie nicht. Große Autos kriegen noch immer keine kleinen Autos, und kleine Autos werden nicht groß, was immer man auch versucht. Das macht den Herstellern Kummer. Wie gerne würden sie Mini-Züge oder -Autos zu großen Zügen und Autos heranwachsen lassen. Aber das gelingt nur der Natur. Die fängt bei einem Ferkel an und hört bei einem Schwein auf. Es gibt nämlich einen großen Unterschied zwischen einem Schwein und einem Auto oder Zug: Ein Schwein lebt.

Nun ist es nicht so, daß etwas Totes nicht wachsen könnte. Wenn du einen Faden in ein Glas Wasser mit reichlich Zucker darin hängst, bildet sich ein Zuckerkristall, der wächst. Auch Eiszapfen wachsen, aber auf ganz andere Weise als ein Ferkel oder ein Baby. Ein Kristall oder Eiszapfen wird immer nur um eine Schicht des Stoffes stärker, aus dem sie bestehen, im Inneren tut sich jedoch nichts. Aber der Zucker, den ein Mensch oder Tier ißt, wird im Bauch nicht zu einem immer größeren Zuckerstückchen, sondern dient als Nährstoff, den der Mensch für sein eigenes Fleisch und Blut nutzt.

Beim Wachsen geht es nicht nur darum, größer zu werden. Es kommt dabei auch zu Veränderungen. Wie sehr, das hängt von der Art des Lebewesens ab. Da gibt es etwa die Menschen, die sich im Laufe ihres Lebens zwar verändern, aber doch immer wieder zu erkennen sind. Sie werden viel größer, dehnen sich wie ein Luftballon aus, verändern sich sonst aber nur wenig. Die meisten Insekten hingegen werden vor allem anders. Ein Schmetterling zum Beispiel schlüpft aus der Puppe hervor, die er selbst als Raupe angelegt hat. Danach ist er nicht wesentlich größer, sieht aber ganz anders aus.
Mit dem Körper wächst auch der Verstand. Du lernst immer weiter. Das passiert im Gehirn, das dabei nicht immer größer wird, wohl aber immer besser. Es werden immer mehr Zellen mit anderen Zellen verbunden. Deshalb wird es immer leichter, einen Einfall zu haben. Dein Gehirn ist inzwischen so klug geworden, daß du lesen kannst. Du kannst zum Beispiel dieses Buch lesen und erfahren, wie es dazu gekommen ist, daß du so klein bist. Aber auch wenn du nichts von Biologie verstehst, bist du in einem Punkt doch gescheiter als dein Lehrer oder deine Lehrerin: Du kannst nämlich noch wachsen, die Lehrer aber nicht. Bei ihnen wachsen nur noch einige Körperteile, die ersetzt werden müssen. Eine Maus wächst nach einigen Wochen schon nicht mehr, während ein Mensch zwanzig Jahre benötigt, um erwachsen zu werden. So hat jedes Lebewesen sein eigenes Tempo. Wärst du in einem anderen Tempo gewachsen, wärst du vielleicht eine Art Affe geblieben. So geschah es in einer Familie, in der ein Menschenbaby zusammen mit einem gleichaltrigen Babyschimpansen aufwuchs. Zum Schrecken der Eltern war der Affe viel schlauer als ihr richtiges Kind. Während ihr eigenes Kind nicht viel mehr konnte als schreien und in die Windel machen, konnte der Schimpanse schon Probleme lösen. Erst als aus dem Säugling ein Kleinkind wurde, holte es den Affen ein. Der Schimpanse war geistig schneller gewachsen, aber auch weniger lange; das Wachstum hörte früher auf als bei dem Menschenkind.
Jung zu sein ist wunderbar. Es gibt noch soviel Neues zu sehen und zu erleben. Auch ein junges Fohlen, das seine Weide nie verläßt, fühlt sich als Entdeckungsreisender. Es entdeckt die Welt um sich herum, so klein sie auch sein mag, und vor allem sich selbst. Am Anfang weiß das Fohlen nicht einmal, ob seine Beine zu ihm oder zur übrigen Welt gehören, und es fällt beinahe hin. Es ist ein langer Weg, bevor du auf deinen eigenen Beinen stehst, aber auch ein schöner.

Ein Orang-Utan-Junges ruft kläglich nach seiner Mutter – so wie ein Menschenbaby, wenn es sich verlassen fühlt.

Groß und klein

Der Vorteil, klein zu sein.
Pferde klettern nicht auf Bäume.
Als Kleiner unter Großen.
Ein großes Gehirn braucht einen großen Körper.
Du bist ein kleiner Riese.

Wer klein ist, will groß werden. Groß ist schön, und viel Masse ist angenehm. Als Riese steht man über allem. Wer weit ausschreitet, für den ist nichts unerreichbar. Wenn du so groß bist wie ein Elefant, brauchst du vor nichts und niemand Angst zu haben; wenn du so groß bist wie ein Wal, gehört der ganze Ozean dir.

Aber jeder muß klein anfangen. Das ist gar nicht schlimm, denn Größe hat auch Nachteile. Groß ist nämlich auch plump, und zuviel Masse ist lästig. Ein Elefant muß sich selbst den ganzen Tag lang mitschleppen. Deswegen trottet er auch so schwerfällig daher, und du wirst ihn nie hüpfend erleben, auch wenn er sich noch so freut. Die Wale lassen ihr Gewicht vom Wasser tragen, aber wegen ihres gewaltigen Körpers fallen sie überall gleich auf und sind deshalb eine leichte Beute für den Menschen, so daß sie fast ausgerottet worden wären.

Ein zweimal so großes Tier ist viermal so stark, aber auch achtmal so schwer. Je größer ein Tier ist, desto größere Schwierigkeiten hat es, sich aufrecht zu halten. Nashörner und Flußpferde haben deshalb Beine wie Pfeiler. Ein Wal ist so schwer, daß er an Land nicht einmal atmen kann; wenn er strandet, erstickt er. Die größten Landbewohner aller Zeiten, die Dinosaurier, sind schon lange ausgestorben, während ihre kleinen Zeitgenossen, die Kakerlaken, noch immer durch Spalten und Ritzen huschen.

Ein kleines Tier ist sehr beweglich. Die Maus schlüpft rasch in ihr Loch, bevor du sie erwischen kannst. Auf ihren kurzen Beinchen ist sie für dich mit deinen langen Beinen viel zu schnell. Sie kann nur kleine Schritte machen, dafür aber mehr. Kurze Beine bewegen sich schneller hin und her als lange, weil alle Beine wie Pendel sind. Das kurze Pendel einer kleinen Uhr bewegt sich nun einmal schneller als das lange einer großen Standuhr. Für Dackel gelten dieselben Naturgesetze: In der Zeit, in der ein Schäferhund mit seinen Beinen zehnmal ausgreift, bringen sie es auf fünfzig Trippelschritte.

Bei den kleinen Tieren geht alles schneller als bei den großen. Ein Spatz schlägt öfter mit den Flügeln als eine Möwe, und bei einer Fliege ist der Flügelschlag so schnell, daß ein summendes Geräusch entsteht. Je kleiner die Fliege, desto schneller schwirren ihre Flügel, und desto höher klingt das Summen. Für die Saiten einer Geige und für Stimmbänder gilt das gleiche: je kürzer, desto höher. Kleine Geigen klingen höher als große Cellos, und

Linke Seite: Noch keinen Tag alt, unterscheidet sich ein Zicklein kaum von Mutter Ziege – es ist nur viel kleiner.

eine Katze kann nicht so tief fauchen wie ein Löwe.
Bis tief in ihren Körper hinein sind die Kleinen den Großen an Schnelligkeit überlegen. Das Herz einer Maus schlägt fünfhundertmal in der Minute, zwanzigmal schneller als das Herz eines Elefanten und siebenmal schneller als das eines Menschen – oder jedenfalls so ungefähr, denn auch beim Menschen gibt es Unterschiede zwischen groß und klein: Das Herz eines Kindes schlägt öfter als das eines Erwachsenen.
Für die Masse eines großen Tieres ist die Außenfläche – seine Haut – verhältnismäßig klein. Eine Kuh, die zweimal so groß ist wie ihr Kalb, spendet achtmal soviel Fleisch, aber nur viermal soviel Leder. Innen im Körper entsteht Wärme, die das Tier nur über die Haut abgeben kann. Deshalb werden große Tiere schnell warm. Damit sie trotzdem etwas abkühlen, ist zum Beispiel bei den Elefanten die Außenfläche durch gewaltige Ohren vergrößert. Kleine Tiere wiederum werden rasch kalt. Darum findet man am Nordpol auch keine sehr kleinen Tiere; die würden dort in der Kälte umkommen. Aber auch in deiner unmittelbaren Umgebung kannst du diese Erscheinung beobachten. Dicke Menschen kommen beim Treppensteigen ins Schwitzen, kleine Kinder stehen zähneklappernd am Rand des Schwimmbeckens. Große Tiere fallen hart. Wenn ein Mensch aus dem Fenster stürzt, hat er nach fünf Metern schon eine Geschwindigkeit von 35 Stundenkilometern erreicht, und nach 20 Metern saust er mit 70 Stundenkilometern der Erde entgegen. Ein Affe fällt mit derselben Geschwindigkeit von seinem Baum, aber weil er kleiner ist, geht der Sturz glimpflicher aus. Mit ein bißchen Glück schüttelt er nur verwundert

Rechts: Weil ein neugeborener Wellensittich so klein und nackt ist, kühlt er schnell aus. Auch wenn er schon Federchen hätte, würden sie ihn nicht warm genug halten. Seine Mutter muß ihn «hudern», wärmen.

sein Affenköpfchen und turnt wieder in den Baum hinauf. Ein Pferd, das von einem Baum fällt, würde dagegen geradezu auseinanderbersten. Das ist einer der Gründe dafür, warum die Natur es nicht vorgesehen hat, daß Pferde auf Bäume klettern. Auch Menschen sieht man nur selten auf Bäumen, und wenn du einen Menschen in einem Baum entdeckst, ist es meistens ein Kind. Ein Kind muß beim Hinaufklettern weniger Gewicht nach oben bringen als ein Erwachsener, und bei einem Sturz fällt es nicht so hart.
Die Größe bestimmt das Leben. Weil ein kleines Tier anders gebaut ist, lebt es auch

anders als ein großes Tier. Allein schon wegen des Größenunterschieds führt eine Maus ein ganz anderes Leben als ein Elefant, ein Hering ein ganz anderes als ein Hai. Und wie verhält es sich mit jungen Tieren, die ja auch klein sind? Manchmal führen sie tatsächlich ein ganz anderes Leben als die erwachsenen Artgenossen. Viele Tiere auf dem Meeresboden sind als Junge zunächst munter an der Wasseroberfläche umhergeschwommen, und Kröten leben zuerst im Wasser und danach an Land. Aber viele Arten wie Katzen, Ameisen, Menschen und Spatzen verbringen den Anfang ihres Lebens mit ihren Eltern am selben Ort. Ein gerade aus dem Ei geschlüpfter Wellensittich, ohne Federn, die Augen noch geschlossen, vor Kälte zitternd, muß unter denselben Bedingungen leben wie seine großen, gut gefiederten Eltern. Um in der Welt der Großen zu überleben, kann so ein unbeholfenes Wesen nur hoffen, daß die Großen ihm helfen, bis es selbst groß ist.

Oben und Bilder rechts: Hamster sind bei der Geburt nur zwei bis drei Zentimeter lang und ganz nackt. Sie wachsen aber in einer ganzen Schar auf, so daß sie sich aneinanderschmiegen und wärmen können. Die Winzlinge bilden zusammen eine Kugel, die nicht so schnell auskühlt. Bald wächst ihnen aber auch schon ein Pelz.

Auch große und kleine Menschen leben gemeinsam. Für Babys und Kleinkinder gibt es eigene Wiegen, Wagen und Teller, während ältere Kinder zusehen müssen, wie sie sich an einen Haushalt anpassen, der für große Menschen gedacht ist. Mit Großmensch-Schritten müssen sie die Großmensch-Treppen hinaufsteigen, und wenn sie beim Abwasch helfen, ist die Spüle viel zu hoch für sie. Kleiderhaken können sie nicht erreichen, Einkaufstaschen schleifen an zu kurzen Armen über den Boden.

Warum können Jung und Alt nicht gleich groß sein? Weil Jung aus Alt geboren wird. Wenn die Jungen genauso groß wie ihre Mutter wären, hätten sie keinen Platz in ihrem Bauch. Um hineinzupassen, müssen sie sogar ein ganzes Stück kleiner sein. Um

wieviel kleiner, ist von Art zu Art verschieden. Hamster sind bei der Geburt noch lange nicht fertig; nackt und blind wimmeln sie wie rosige Würmchen durcheinander. Weil sie so klein sind, kann ihre Mutter einen ganzen Haufen davon auf einmal werfen. Ein Fohlen dagegen ist schon voll entwickelt, wenn es aus dem Bauch der Mutter kommt. Ganz kurz schwankt es, und dann – hopp – läuft es schon in der Herde mit. Ein so großes Junges nimmt im Bauch seiner Mutter so viel Platz ein, daß sie nur eines auf einmal bekommen kann.

Große Vögel legen große Eier. Aber ein doppelt so großer Vogel legt bei weitem kein doppelt so großes Ei. Sonst geriete das Küken in große Schwierigkeiten. Das Küken muß durch die Öffnungen, die Poren, in der Schale atmen können. Ein doppelt so langes Ei hat viermal soviel Schale, also auch vier-

Bilder oben: Fledermäuse wie diese Mausohren (ganz oben) sind bei der Geburt nur gerade sechs bis sieben Gramm schwer, blind und fast nackt (oben links). Ihre Augen öffnen sich erst nach einer Woche (oben rechts).

Linke Seite: Weil die stumpfen Schnauzen dieser jungen Hunde besonders rasch wachsen, bekommen sie später eine richtige längliche Dackelschnauze.

mal so viele Poren. Aber das Küken wird rund achtmal so schwer und braucht deshalb auch achtmal soviel Atemluft. Es läuft Gefahr zu ersticken. Oder zu ertrinken. Denn ein Küken atmet nicht nur bereits im Ei, es macht auch schon Pipi. Wenn achtmal soviel Urin durch nur viermal so viele Öffnungen abfließen muß, kann das Küken in seinem eigenen Ei ertrinken. Und wenn es nicht

ertrinkt oder erstickt, gibt es immer noch ein Problem: Große Eier haben dicke Schalen, die nur sehr schwer aufzubrechen sind, wenn man herauswill.

Um zu verhindern, daß ihre Jungen schon in den Eiern verenden, legen große Vögel kleinere Eier, als man vermuten würde. Und auch die Eier solcher Supertiere wie der

Dinosaurier waren keineswegs supergroß, sondern hatten nur die Ausmaße großer Vogeleier. Ihre Jungen waren noch längst nicht fertig, wenn sie schlüpften, und mußten noch lange in einem Nest umsorgt werden. Die kleinsten Säugetierjungen gibt es bei den Beuteltieren, wie das Känguruh eines ist. Bei ihrer Geburt sind sie nicht größer als ein Krümel Hackfleisch, wiegen bei einer Länge

Für große Vögel wie den Storch ist es besonders anstrengend, sich aus der engen Schale ihres Eis zu befreien. Auf dem Bild der rechten Seite hat das Störchlein es schon fast geschafft!

von zwei Zentimetern nicht einmal ein Gramm. Wie ein Menschenbaby, das zu früh geboren wird, kommen diese Winzlinge in einen Brutkasten, den Beutel, aber dabei gibt es einen großen Unterschied: Während das Menschenbaby mit heulenden Sirenen im Krankenwagen weggebracht wird, klettert das neugeborene Känguruhjunge aus eigener Kraft in den Beutel. Von der Gebäröffnung aus hangelt es sich mit seinen winzigen Händen über den Bauch der Mutter zum Eingang, steigt in den Beutel hinab und saugt sich an einer Zitze fest. Für solch ein kleines Tier ist das eine gewaltige Reise. Für ein neugeborenes Menschenkind würde eine solche Reise bedeuten, daß es den Mutterleib aus eigener Kraft verlassen müßte, um sich auf den Boden gleiten zu lassen, dann durch den

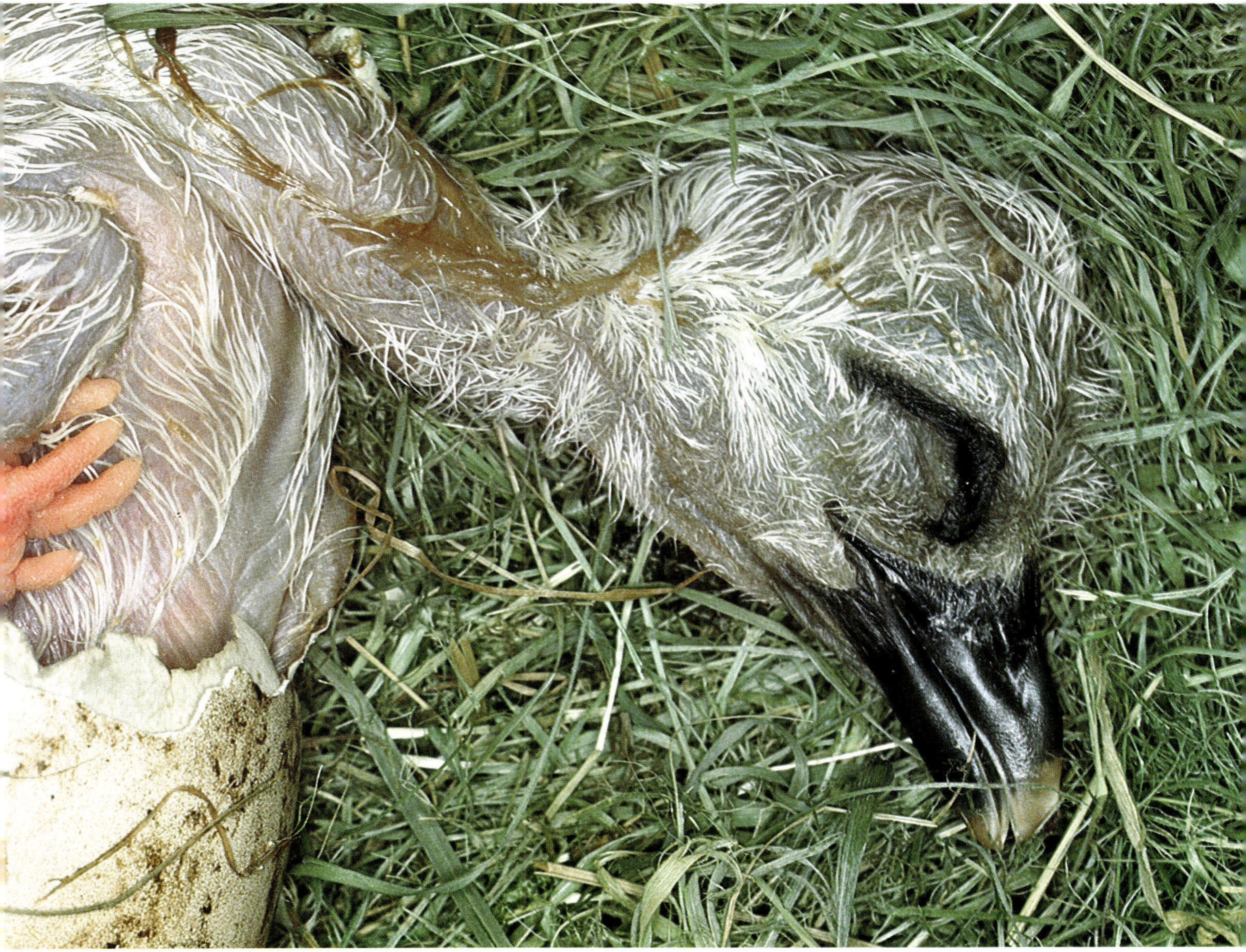

Flur ins Kinderzimmer zu krabbeln, dort in sein Bettchen zu steigen und schließlich sein Fläschchen zu suchen und daraus zu trinken. Ein Känguruhjunges schafft das alles in ein paar Minuten. Danach geht alles erst mal ganz von selbst weiter. Die Zitze schwillt im Mund an, so daß das Junge sie nicht mehr loslassen kann; auf diese Weise ist es die ersten neun Monate sicher im Beutel geborgen. Auch wenn dein Gewicht viel geringer war als das deiner Mutter und du nicht viel mehr konntest als schreien, warst du bei deiner Geburt doch schon groß, größer zumindest, als die meisten Tiere werden. Größer als eine ausgewachsene Maus, ein Hecht, ein Eichhörnchen oder ein Frosch, und mit ungefähr 3,5 Kilogramm warst du so schwer wie ein ausgewachsener Kaiseradler. Du wirst als kleiner Riese geboren und wächst zu einem großen heran. Ein Elefant oder eine Giraffe werden größer als ein Mensch, das ist wahr, aber 99 Prozent aller Tierarten bleiben kleiner. Von allen Affen zum Beispiel ist nur der Gorilla größer als der Mensch.
Warum ist der Mensch so groß? Weil er ein Mensch ist. Wie eine Giraffe wegen ihres langen Halses eben eine Giraffe ist, so ist der Mensch wegen seines großen Gehirns ein Mensch. Was den Menschen von den anderen Lebewesen unterscheidet, hat mit dem Denken zu tun. Aber so große Gehirne passen nicht zu einem kleinen Körper; es

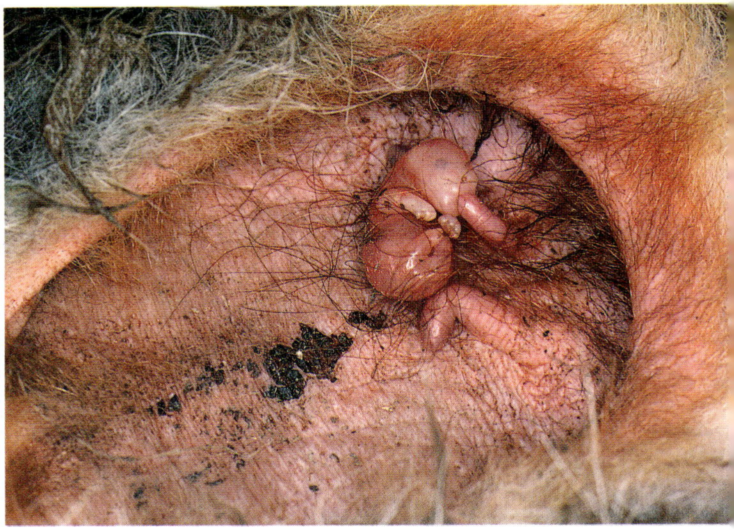

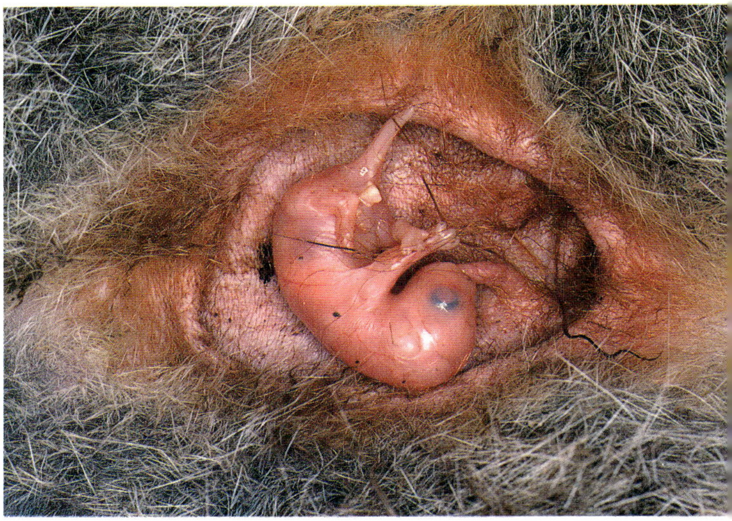

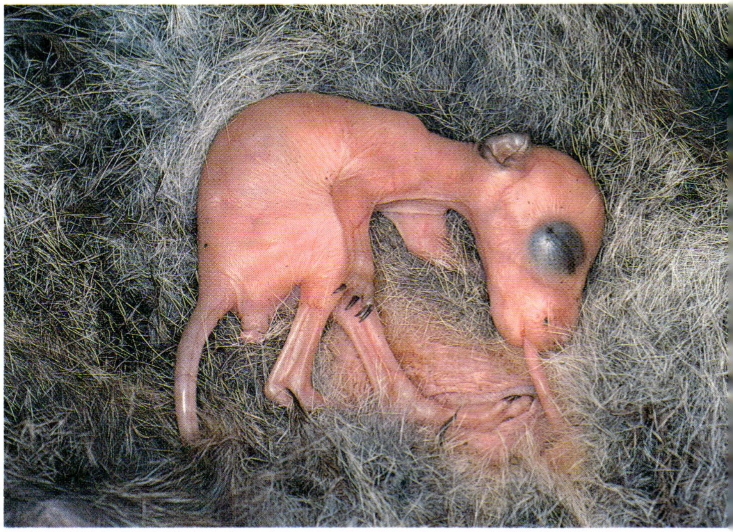

Bildreihe rechts: Ein Känguruh kommt sozusagen als Frühgeburt zur Welt. Es ist winzig klein und muß noch fünfzigtausendmal schwerer werden, ehe es erwachsen ist.

Rechte Seite: Ein Ferkel (links) sieht schon bald genauso aus wie seine Mutter (rechts). Moderne Schweinerassen sind auf rasches Wachstum gezüchtet.

braucht einen stattlichen Kopf auf einem stattlichen Körper, der es tragen, ernähren und schützen kann. Auf ein paar Zentimeter kommt es dabei nicht an, aber man kann davon ausgehen, daß ein Tier mit dem Verstand eines Menschen nicht viel kleiner als einen Meter sein dürfte. Außerdem hat der Mensch seine Welt mit Hilfe von Geräten gestaltet. Ein Tier, das einen Meter lang ist, könnte mit Werkzeug nicht gut umgehen; es wäre nicht stark genug dafür. Ohne lange, starke Arme läßt sich mit dem Hammer kaum ein Schlag ausführen. Mit der Größe eines Rhesusaffen wären wir für einen Menschen zu schwach und auch nicht klug genug. Dafür kann ein Rhesusäffchen aber wieder andere Dinge, gerade weil es so klein ist: hervorragend klettern und springen zum Beispiel. Zu jeder Tierart gehört also eine ideale Größe. Deshalb wächst ein Mensch zwanzig Jahre lang heran, ehe er fertig ist, während die meisten Tiere schon viel früher damit aufhören, um nicht zu groß zu werden. Denn groß ist schön, und viel Masse ist angenehm, aber klein ist wendig.

Sich biegen oder brechen

Deine Haut wird dir nie zu klein.
Der Mensch schuppt sich ab.
Tiere, die sich häuten.
Auch Schneckenhäuser und Muscheln wachsen.
Ein Krokodil wächst anders als ein Mensch.

Selbst die teuersten Kleider werden dir irgendwann zu klein. Du wächst aus ihnen heraus. Einen Pullover, den du ohnehin nicht mochtest, wirfst du erleichtert weg, deinen Lieblingspullover aber trägst du so lange, bis es überall zwickt und zwackt. Wenn er sich nicht mehr weiter dehnen kann, platzt er wie ein zu stark aufgeblasener Luftballon. Unter dem Pullover sitzt deine Haut. Sie wird im Laufe deines Lebens zehnmal größer. Warum reißt sie nicht wie ein Pullover? Weil sie mitwächst. Es ist, als ob jemand in deinem Bauch säße und dauernd Maschen dazwischenstrickte, in der Länge und Breite, nach oben und unten. Mit normalem Strickzeug geht das natürlich nicht, damit strickt man höchstens etwas dazu, aber nicht in sämtlichen Richtungen etwas dazwischen. Wenn du einen größeren Pullover möchtest, mußt du einen neuen kaufen oder stricken. Aber eine größere Haut strickt dein Körper aus der alten.
Wie ein Pullover aus Maschen besteht, so ist dein Körper aus Zellen aufgebaut. Anders als die Masche eines Pullovers lebt so eine Zelle und kann deshalb selbst neue Zellen bilden. Dann teilt sich die Zelle, und die beiden Hälften wachsen, bis sie selbst groß genug sind, um sich zu teilen. Wenn die Zellen in deiner Haut dies überall gleich schnell tun, sieht deine neue Haut genauso aus wie deine alte, nur größer. Das tun sie aber nicht. Die Haut auf deinen Armen und Beinen wächst schneller als die auf deinem übrigen Körper. Die Pullovertabrikanten wissen das. Ihre Babypullover haben Ärmel bis zur Hüfte, ihre Pullover für Schüler Ärmel bis zum Kreuz. Wachsen ist nun einmal mehr als größer werden; du veränderst dich dabei auch. Das Wachstum mancher Körperteile geht schneller voran als das anderer Teile, und dabei ändert sich das Größenverhältnis zueinander.
Deine Haut muß größer werden, weil mehr hinein muß. Du bekommst ein größeres Herz, die Lungen wachsen mit. Die meisten Körperteile wachsen genauso wie deine Haut, indem sich immer mehr Zellen bilden. Dein Herz aber wächst anders. Auch wenn es im Laufe deines Lebens sechzehnmal so groß wird, verändert sich die Anzahl seiner Zellen nicht; die Zellen selbst werden größer. Auch die Zellen im Gehirn nehmen nicht zu. Es gehen nur welche verloren, und zwar mehrere tausend am Tag, so daß du immer dümmer

Linke Seite: Nach einer Woche wachsen den Blaumeisen-Babys schon die Flaumfedern aus der Haut an Kopf und Rücken. Die Flügelfedern sitzen noch in den röhrenförmigen Kielen, den Federscheiden. Die Vogeleltern sind dauernd damit beschäftigt, ihre Jungen zu füttern.

Oben: So quicklebendig ein Kätzchen auch wirkt, so tot sind die Haare, die du streichelst; die sind nur unter der Haut voller Leben.

wirst, wenn du nicht lernst, die restlichen Zellen immer besser zu gebrauchen.
In den Armen und Beinen müssen Knochen mit dem Wachstum mithalten. Wenn man sich ein Skelett anschaut, kann man kaum glauben, daß solch ein totes Ding wächst. Aber ein lebender Körper lebt bis in seine Knochen hinein. Während der Knochen an der Außenseite durch lebende Zellen dicker wird, bauen andere Zellen an der Innenseite den Knochen ab, um Platz für das Mark zu schaffen, das ebenfalls wachsen möchte. Lebende Knochenzellen sorgen auch dafür, daß das Loch im Schädel eines Babys (die Fontanelle) zuwächst und die Schädeldecke fester wird. Weil viele Knochenteile miteinander verwachsen, besitzt ein Erwachsener nur noch zweihundert von den rund dreihundert, die er bei seiner Geburt hatte.
Wenn du dich wegen deines Wachstums veränderst, verlierst du immer etwas von dir selbst. Nur bekommst du das kaum mit. Schau einmal in den Spiegel und merk dir gut, wie du aussiehst. Nach einigen Wochen schaust du wieder hinein. Es hat sich nicht viel verändert, allenfalls bist du ein ganz klein wenig größer geworden. Und doch schaut dich ein ganz anderer Mensch aus dem Spiegel an. Von der Haut, die du beim letztenmal im Spiegel betrachtet hast, ist keine Zelle mehr übrig. Während von innen her neue Haut nachwuchs, schuppte die alte außen ab, wie die Farbe von einer alten Tür. Es ist etwas hinzugekommen, aber es ist auch etwas verschwunden. Jeden Tag schuppen Millionen Teilchen von dir ab und sinken abgestorben

zu Boden, auf den Teppich. Beim Staubsaugen saugst du also auch dich selbst mit auf. Wenn sich der Mensch nicht abschuppte, müßte er die abgestorbene Außenseite seiner Haut wie eine tote Hülle tragen, bis sie platzte. Außer deiner Kleidung müßtest du ab und zu auch die Haut ausziehen und wegwerfen. Schlangen schuppen sich nicht ab. Sie platzen tatsächlich aus ihrer Haut. Diese Haut besteht aus einem festen Stoff, der so stabil ist, daß Menschen teure Schuhe daraus herstellten, die sie über ihre eigene Haut stülpten. Weil wir heute genügend anderes Material für Schuhe haben, sollten wir auf Schlangenleder verzichten. Viele Schlangen gehören nämlich zu den vom Aussterben bedrohten Arten, und dabei sind sie ganz wunderbare und interessante Wesen. Für sie ist die Haut ein Gefängnis; sie können in diesem Schuppenfutteral nicht wachsen, weil es sich nicht

Oben: Er hat schon die Beine eines Froschs, aber auch noch den Ruderschwanz einer Kaulquappe. Bald wird der Schwanz nicht mehr gebraucht und fällt ab. Dann steigt der fertige Frosch an Land (unten).

dehnt. Um zu verhindern, daß sie einfach irgendwo platzt, ist die Schlangenhaut am Mund am schwächsten. Mit dieser Stelle scheuert die Schlange an einem Stein oder Baum entlang, bis die Haut reißt. Dann schiebt sie sich wie ein Finger aus einem zu klein gewordenen Handschuh hervor. Die Haut bleibt, von innen nach außen gewendet, zurück. Ohne Haut kann eine Schlange nicht leben. Deshalb läßt sie sich eine neue Haut wachsen, ehe sie die alte abstreift. Bis zur Häutung trägt sie die neue Haut wie Unterwäsche. Nach der Häutung kann sie sich kurz dehnen und verhärtet dann zu einem Mantel. Weil die neue Haut jedesmal größer ist als die alte, kann eine Schlange rasch wachsen; ein Python wird in seinem ersten Lebensjahr dreimal so lang. Eidechsen häuten sich auch, aber ihre Haut löst sich in Fetzen. Oft fressen sie sie auf.

Wenn eine Spinne ihren Körper aus der alten Haut gezwängt hat (oben), muß sie die Beine noch befreien (unten links). Die neue Haut dehnt sich – die Spinne wächst (unten Mitte) und streckt ihre Beine aus (rechts außen).

Eine Schlangenhaut hast du wahrscheinlich noch nie gefunden, aber der Haut von Spinnen kannst du überall im Haus begegnen, vor allem im Sommer. Zunächst meinst du, daß du einfach eine Spinne siehst, aber dann fällt dir auf, daß sie sich tagelang nicht vom Fleck rührt. Wenn du näher hinschaust, merkst du, daß es eine leere Hülle ist, mit allem Drum und Dran; mit Kopf, Füßen, Augen, Klauen, ja sogar mit einem Stück der Speiseröhre.
Eine Spinne häutet sich fünf- bis zehnmal, bevor sie ausgewachsen ist. Damit die neue Haut nicht an der alten kleben bleibt, wird die alte Haut abgelöst. Dafür gibt es spezielle Lösungsmittel, die die Spinne selbst herstellt. Ist die neue Haut fertig, wartet die Spinne nicht ab, bis die alte zu eng wird. Statt dessen bläht sie sich auf. Sie schließt ein Ventil zwischen ihrem Vorder- und ihrem Hinterleib und pumpt den Vorderleib mit Blut voll. Dabei kann sie bis zur doppelten Größe anschwellen, bevor die alte Haut an den Giftklauen reißt. Der Körper läßt sich bequem herausschälen, aber es ist ein schweres Stück Arbeit, um all die langen Beine aus ihren Trikots zu befreien. Manchmal muß sich die Spinne stundenlang winden und schinden, ehe sie draußen sind. In dieser Zeit hängt sie meistens an einem Spinnenfaden, den sie durch die alte Haut hindurch an einem Ast oder dergleichen befestigt hat.
Eine Vogelspinne legt sich dabei auf den Rücken. Gleich nach dem Häuten könnten ihre Beine sie ohnehin nicht tragen. Dazu sind sie noch zu schwach, und die Vogelspinne treibt erst noch etwas Gymnastik mit ihnen, damit sie richtig gelenkig werden.
Eine Biene hat dasselbe Problem wie eine Spinne. Schon als Larve sitzt sie in einem harten Hautpanzer, der ihr Wachstum behin-

dert, gerade jetzt, wo sie so rasch größer werden muß. Aber sie hat einen Vorteil: Sie sitzt sicher in ihrer Brutzelle im Bienenstock. Außerdem hat sie keine Beine, die bei der Häutung solche Probleme machen. Wenn der Bienenlarve die Haut zu eng wird, hört sie auf zu fressen. Der Körper kann sich nun völlig auf die Herstellung einer neuen Haut konzentrieren. Wenn sie fertig ist, beginnt die Larve sich in ihrer Brutzelle in den Hüften zu wiegen. Mit ihrer Haut schwingt sie im Takt vor und zurück, bis die Haut so straff gespannt ist, daß sie reißt. Wie eine durchsichtige Regenjacke aus Plastik wird die Haut ausgezogen. Wenn die Biene damit fertig ist und ihre Zelle nach der letzten Häutung verläßt, liegen an die fünf solcher Jacken darin. Wenn du schon einmal Strandkrabben gegessen hast, weißt du, wie schwer ihre Panzer sich öffnen lassen. Die Krabbe selbst kann das viel besser als du. Ihr Leben lang wirft sie ihre Schale stets aufs neue ab, um zu wachsen. Den neuen Panzer darunter pumpt sie sofort danach mit Wasser voll, damit er sich ausdehnt, bevor er hart wird. Es scheint schon recht anstrengend zu sein, das Häuten, und doch tun es die meisten Tierarten. Zwar ist ein Tier während des Häutens sehr verletzlich. Aber es hat auch den großen Vorteil, daß es auf diese Weise wachsen und sich rasch verändern kann.

Es gibt auch Krebstiere, die ihren Panzer abgeschafft haben: Sie ziehen den Panzer eines anderen Tieres an. Auf dem Meeresboden suchen sie ein leeres Schneckenhaus, das ihnen paßt. Mit dem Ende voran zwängen sie sich hinein und machen schließlich,

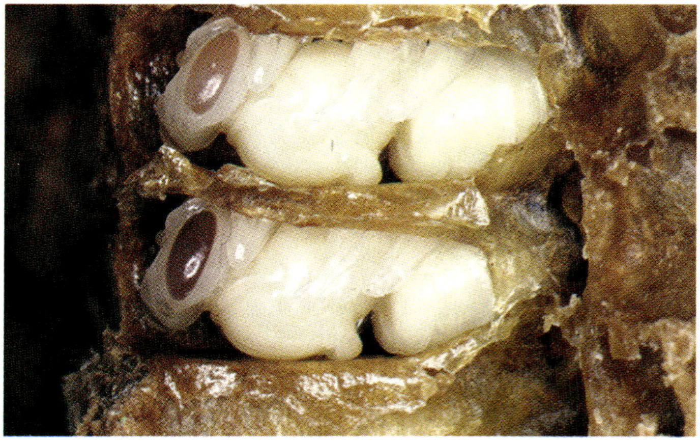

mit ihrer Schere als Tür, die Öffnung dicht. Wird das Haus zu klein, sucht der Einsiedlerkrebs ein größeres und zieht um. Das Schneckenhaus, in dem er wohnt, ist anders gewachsen als der Panzer von Krebstieren. Ein Krebs erneuert jedesmal seine ganze Schale, während eine Schnecke ihr Haus nur Stückchen für Stückchen ergänzt. Die Spitze ihres Hauses ist der älteste Teil. Dort hat sie als junge Schnecke mit dem Bau angefangen.

Linke Seite: Blick in die Brutzellen der Biene (oben). Was wie Würmer aussieht, sind die länglichen Eier und die gekrümmten Larven der Biene in verschiedenen Wachstumsgrößen. Zum Wachsen muß sich die Larve mehrmals häuten, bevor sie zur Puppe wird (unten). Dann häutet Sie sich ein letztes Mal: Die Verwandlung in die fertige Biene ist vollendet.
Insgesamt dauert es drei Wochen, bis die fertige Biene aus der Brutzelle schlüpft (oben) und ihr fleißiges Bienenleben beginnt (rechts).

An den Querrillen vieler Muscheln kannst du erkennen, daß sie stoß- und ruckweise gewachsen sind. In guten Zeiten, in denen es reichlich Nahrung gibt und schön warm ist, legen sie viel zu, in schlechten Zeiten, in denen es wenig zu essen gibt und es sehr kalt ist, nur wenig. So entstehen auch die Wachstumslinien an den Hörnern einer Ziege, den Stoßzähnen eines Elefanten, den Gehörsteinchen von Knochenfischen wie den Heringen. Man braucht sie nur zu zählen, um zu wissen, wie alt das Tier ist.

Du selbst hast das ganze Jahr genug zu essen, und mit einer Zentralheizung macht dir die Kälte wenig zu schaffen. Aber auch ein Mensch wächst nicht gleichmäßig. Am schnellsten geht es bei den Babys mit etwa 20 Zentimetern pro Jahr. Danach wächst du lange Zeit nicht mehr als fünf Zentimeter im Jahr, um dann in der Pubertät jedes Jahr wieder zehn Zentimeter in die Höhe zu schießen. Das gilt zumindest bei uns. In armen Ländern wachsen die Menschen langsamer. Dein Wachstum wird ebenso wie das einer Krabbe oder eines Nashorns von einem besonderen Stoff in deinem Körper gesteuert, dem Wachstumshormon. Wer viel davon hat, wächst schnell. Hat man zuwenig, bleibt man klein. Das kann sehr unangenehm sein, denn für einen kleinen Menschen ist die Welt um ihn herum zu groß. Manchmal helfen Impfungen mit Wachstumshormon, um größer zu werden, aber zu groß ist auch nicht gut. Menschen mit zuviel Hormon können zu Riesen werden. Sie müssen sich nicht nur dumme Witze anhören («Wie ist das Wetter da oben?»), sondern leiden auch unter aller-

Links: Eine Weinbergschnecke baut drei Jahre lang an ihrem Häuschen. Jedesmal kommt ein Stückchen hinzu. Diese Zuwachsstreifen sehen wie Rillen aus.

Rechte Seite: Noch ein Ruck – und die Zauneidechse hat sich aus ihrer Eihaut befreit. Eidechsen häuten sich ein Leben lang, sonst könnten sie nicht wachsen.

lei Beschwerden. Ihre Füße können ihr Gewicht kaum tragen, ihr Rückgrat ist überlastet. Ein normaler Mensch ist abends schon einen Zentimeter kleiner als morgens beim Aufstehen, weil er den ganzen Tag sein eigenes Gewicht mit sich herumgeschleppt hat. Es ist deshalb nur gut, daß die Menschen um ihr zwanzigstes Lebensjahr herum zu wachsen aufhören – Langsamwachsende oft etwas später, Schnellwachsende etwas früher. Auch andere Säugetiere stellen ihr Wachstum zu einem bestimmten Zeitpunkt ein. Ein Delphin oder ein Seehund wird zehnmal so schwer wie bei der Geburt, der Mensch bringt es auf das Zwangzigfache. Elefant und Ratte werden fünfzigmal so schwer, das Känguruh nicht weniger als fünfzigtausendmal. Krokodile sind mit ihrer Größe nie zufrieden: Sie wachsen ihr Leben lang, genau wie ein Baum.

Ein Mensch hört nicht nur auf zu wachsen, er wird mit der Zeit sogar kleiner. Alte Menschen «schrumpfen», weil die Bandscheiben zwischen ihren Wirbeln austrocknen und die Wirbelsäule dadurch krumm wird.

Ein Fohlen (rechte Seite) ernährt sich in den ersten zwei Wochen nur von Muttermilch, ein Eselchen (unten) frißt nach drei Tagen auch schon ein bißchen Gras.

Die große Verwandlung

Brüste, Pickel, Adamsapfel.
Die Arbeitsteilung von Raupe und Schmetterling.
Wie die Kaulquappe zum Frosch wird.
Die große Verwandlung der Larven.
Ein Wassertier wird zum Landtier.

Aus Jungen werden Männer, aus Mädchen Frauen. Das ist ein schönes Stück Arbeit. Dabei genügt es nicht, einfach größer zu werden. Es gehören auch neue Bauteile dazu, und andere Teile müssen umgebaut werden. Ein Junge will breite Schultern, seine Stimme muß tiefer werden, es sprießen Haare an den merkwürdigsten Stellen, und er muß sich einen Adamsapfel zulegen – du weißt schon, dieses Ding, das bei deinem Vater so lustig auf und ab hüpft, wenn er schluckt. Mädchen brauchen keinen Adamsapfel, aber sie müssen Brüste bekommen und breitere Hüften, und sie verteilen ihr Fett auf einmal ganz anders über ihren Körper. Wie man das macht, weiß jeder Mensch von ganz allein: Es geht von selbst. Die Tiere können das genauso gut; auch sie verwandeln sich von einem Jungtier in ein Männchen oder Weibchen. Weibliche Ferkel kriegen ein Dutzend Zitzen, Löwenmännchen eine Mähne.
Zunächst geschieht sehr lange Zeit nur wenig, dann geht es plötzlich Schlag auf Schlag. Auf einmal ist ein Junge im Stimmbruch, auf einmal kauft ein Mädchen den ersten BH. Innerhalb eines Jahres siehst du die Welt von einer zehn Zentimeter höheren Warte aus, denn soviel bist du dann gewachsen. Aber das ist nicht der einzige Grund, weshalb du auf einmal alles anders siehst: In deinem Kopf machen sich ganz andere Gedanken breit.
Fast alle Organe wachsen in der Pubertät mit voller Kraft, aber leider nicht immer genau im Takt. Manchmal sind die Hände früher groß als der Rest, und bei einem Mädchen wächst die eine Brust schneller als die andere. Du stolperst über deine eigenen Beine und deine eigenen Gedanken. Und gerade dann, wenn Jungen und Mädchen miteinander anbandeln möchten, bekommen sie Pickel. Das ist gemein. Doch es gibt einen Trost: Die meisten Tiere trifft es noch härter. Sie werden, wenn sie noch ganz klein sind, in ihrem Wachstum unterbrochen und finden sich dann plötzlich als ausgewachsene Lebewesen wieder. Dieser Vorgang heißt Metamorphose, Verwandlung.
Stell dir nur mal vor, du wärst eine Raupe und müßtest ein Schmetterling werden. Das schwammige Krabbeltier unterscheidet sich von der flatterhaften Schmetterlingsfee wie eine Schlange von einem Vogel, und doch muß das eine Wesen aus dem anderen entstehen. Das bedeutet viel Arbeit.

Linke Seite: Bevor der Marienkäfer so wunderschön aussieht wie hier, muß er sich erst gründlich verändern – von der unscheinbaren Larve zur Puppe und endlich zum richtigen Käfer. Auch Schmetterlinge machen so eine große Verwandlung durch. Da wird aus der stachligen Raupe schließlich ein zarter Falter.

Wenn der Marienkäfer aus seiner Puppenhülle geschlüpft ist, ist er immer noch nicht ganz fertig: Er hat am Anfang noch keine Punkte (oben links). Während die Punkte allmählich zum Vorschein kommen (oben

Ein Junges, das ganz anders aussieht als seine Eltern, heißt Larve. Davon gibt es eine ganze Menge in vielerlei Arten. Alle Insekten fangen als Larven an, und von Insekten wimmelt es auf der Erde nur so. Nur im Meer kommen sie nicht vor, aber dafür gibt es dort wieder andere Tiere mit Larven: Quallen, Seesterne, Seepocken. Ein neugeborener Aal sieht völlig anders aus als seine Eltern. Deshalb hat es lange gedauert, bis die Biologen erkannten, daß sie es mit einem Fisch zu tun hatten. Welchen Vorteil bietet solch eine einschneidende Verwandlung eines Tieres? Ist sie wirklich notwendig? Häufig schon. Ein ausgewachsenes Tier muß anders aussehen als sein Junges, weil es eine ganz andere Aufgabe hat. Ausgewachsene Tiere müssen sich fortpflanzen. Darum dreht sich alles in der Natur.

Wenn ein Tier stirbt, ehe es sich fortgepflanzt hat, gibt es niemanden, der es ersetzt. Je früher mit der Fortpflanzung begonnen wird, desto besser ist es also. Am besten schon gleich nach der Geburt. Aber das ist nicht möglich, denn dazu ist das Junge noch zu klein. Es muß erst wachsen. Das ist *seine* Aufgabe. Die Kleinen müssen groß werden, die Großen müssen Kleine in die Welt setzen. Deshalb teilen sich die Raupe und der Schmetterling die Arbeit auf. Die Raupe ist eine Wachstumsmaschine, die nur frißt, um größer zu werden und noch mehr fressen zu können, um noch größer zu werden. Sie besteht hauptsächlich aus Kauwerkzeugen und Därmen. Flügel sind überflüssig und fehlen deshalb. Ein paar Beine zum Festhalten und ein Klecks Tarnfarbe, um nicht aufzufallen – das ist es im großen und ganzen schon. Die Raupe frißt und wächst und häutet sich, bis sie groß genug ist. Nun wird die Wachstumsmaschine zu einer Fortpflanzungsmaschine umgebaut. Davon gibt es zwei Arten: die Eierleger (Weibchen) und die Samenspender (Männchen). Sie müssen sich so schnell wie möglich vereinigen, um sich zu paaren. Jetzt kommen Flügel sehr zupaß. Große Kauwerkzeuge und lange Därme sind bei einem Schmetterling kaum noch anzutreffen. Als Treibstoff für seine Flügelmuskeln saugt er mit seinem Rüssel ab und zu ein wenig Nektar aus einer Blume. Mehr Nahrung braucht er nicht. Es gibt sogar Schmetterlinge, die überhaupt nicht mehr fressen. Das macht nichts, wenn sie nur lange genug leben, um sich fortzupflanzen.
Jetzt, wo die Schmetterlinge Flügel haben, können sie auch gleich prima für die Verbreitung ihrer Art sorgen. Einige flattern am Tag mehr als hundert Kilometer weit! Unter den Tieren, die eine Metamorphose mitmachen, gibt es aber auch solche, die schon als Larve auf die Reise gehen. Man findet sie vor allem im Meer. Allerlei Larven – die ja noch klein sind – lassen sich mit der Strömung treiben, ehe sie sich in einiger Entfernung als träger Krebs oder als eingegrabene Muschel auf dem Meeresboden niederlassen.
Wie weiß eine Larve, daß es an der Zeit ist, eine neue Gestalt anzunehmen? Das erfährt sie von ihren Hormonen. Diese selbsterzeugten Stoffe steuern nicht nur das Wachstum, sondern auch fast alles, was mit Geburt, Metamorphose und Paarung zusammenhängt. Eine Raupe bleibt eine Raupe, bis ihr

---

rechts), verändert sich die Farbe des Käferpanzers von Gelb zu Orange und schließlich zu Rot (unten).

Junghormon alle ist; dann wird in ihr die Verwandlung zum Schmetterling eingeleitet. Hormone regeln auch bei dir das Wachstum und dein Geschlecht. Neben den Wachstumshormonen hat jeder Mensch männliche und weibliche Hormone. Wenn du viele männliche Hormone hast, bekommst du einen Bart; viele weibliche sorgen dafür, daß dir Brüste wachsen. Bei alten Frauen ist manchmal nur noch so wenig weibliches Hormon vorhanden, daß ihre männlichen Hormone die Oberhand gewinnen und sie einen Schnurrbart bekommen. Auch in der Jugend spielen die Hormone manchmal verrückt. Sie wirken auf die Gesichtshaut ein. Die Talgdrüsen, die deine Haut geschmeidig halten, überschlagen sich nun geradezu. Schließlich sind sie verstopft, und wenn sie sich dann entzünden, bekommst du Pickel. Sie auszudrükken hilft nichts, denn die Hormone sorgen dafür, daß ständig neue nachwachsen. Auch all die Döschen und Tuben aus der Drogerie

helfen nicht. Gegen Jugendpickel gibt es nur ein wirksames Mittel: älter werden.
Warum bist du keine Larve? Warum ändert ein Mensch seine Gestalt nicht? Das wäre

---

Linke Seite: Aus Froscheiern (Bilder links) schlüpfen nach ungefähr drei Wochen keine kleinen Frösche, sondern Larven. Diese Kaulquappen (rechts) haben einen Fischschwanz und zum Atmen Kiemen am Kopf. – Oben: Beine wachsen einer Kaulquappe zuerst hinten; vorne sind sie hier erst als Knötchen zu erkennen.

bequem, aber es ist zu schwierig für uns, weil wir uns nicht häuten können (das bißchen Abpellen, wenn du zu lange in der Sonne gelegen hast, zählt nicht). Ohne Häutungen sind keine so plötzlichen Verwandlungen möglich wie mit Häutungen.
Daß es trotzdem geht, wird am Beispiel des Froschs deutlich. Er muß sich von einem im Wasser lebenden Tier, der Kaulquappe, in einen Frosch verwandeln, der auch an Land leben kann. Dazu sind ganz andere Organe

Ehe sich die Kaulquappe (oben) als Frosch an Land ansiedeln kann (rechts), muß sie ihren Schwanz loswerden und zum Atmen Lungen bekommen.

Rechte Seite: Die schwarze Larve des Marienkäfers (oben) fängt Blattläuse, um sie zu fressen. Die Larve der Fliege, die Made (unten), sitzt mitten im Futtervorrat: Sie braucht nichts zu fangen und hat deshalb auch einen viel einfacheren Körperbau.

nötig. Im Wasser atmen die Tiere durch Kiemen, doch an Land braucht man Lungen. Während die Kiemen am Kopf der Kaulquappe zusehends kleiner werden, wachsen in ihrem Körper Lungen heran. Ehe er noch ein richtiger Frosch geworden ist, läßt sich schon beobachten, wie er an die Oberfläche kommt und nach Luft schnappt. Aber ein

richtiger Frosch ist er noch nicht, solange er keine Beine hat. Die Hinterbeine bilden sich zuerst. Sprünge kann er noch nicht sofort machen, denn dabei stört der Schwanz. Im Wasser ist so ein Ding ja recht nützlich, aber jetzt muß es verschwinden. Wie geschieht das? Eine Kaulquappe weiß es: Sie frißt ihren Schwanz auf. Jede Schwanzzelle enthält Selbstmordtaschen, die im Schwanz der Kaulquappe platzen. Aus ihnen tritt ein Stoff heraus, der die Zellen aufweicht, bis aus ihnen ein nahrhaftes Süppchen geworden ist. Das ist der Kaulquappe als Baumaterial für den Frosch gerade recht. Außer diesem Süppchen und Algen frißt sie auch immer mehr Tierchen. Es kommt der Augenblick, in dem der Schwanz verschwunden ist und das Schnäbelchen, mit dem sie Algen von

den Pflanzen schabte, abfällt. Nun ist die Kaulquappe ein Frosch.
Eine Fliege kann ihre Gestalt leichter verwandeln als ein Frosch, weil sie ein Insekt ist und sich daher häutet. Ihre Larven ähneln ihren Eltern noch weniger als eine Raupe einem Schmetterling. Es sind nicht einmal Beine vorhanden, und man kann kaum sehen, wo der Kopf sitzt. Diese Maden leben wie im Schlaraffenland. Sie wachsen inmitten ihrer Nahrung auf. Das kann ein toter Vogel sein oder ein saftiger Kuhfladen. Oft frißt sich die Made an einem Tag so viel an, daß sie doppelt so groß ist und sich häutet. Zwischen den folgenden Häutungen liegt ein immer größerer Abstand. Beim letztenmal wird die Haut hart und braun. Aus der Larve ist nun eine Puppe geworden. Von außen betrachtet, wirkt sie wie tot, im Inneren aber wird mit aller Kraft daran gearbeitet, eine ausgewachsene Fliege entstehen zu lassen. Die Zellen der Larve lösen sich auf, so wie die im Schwanz der Kaulquappe. Manchmal ist die Puppe innen eher flüssig als fest. Dieser Brei bildet die

Nahrung für die Zellen, die übrigbleiben und aus denen sich die Puppe in die ausgewachsene Fliege entwickelt. Die Fliegenzellen waren schon in der Made angelegt, als sie aus dem Ei schlüpfte. Die ganze Zeit warteten sie schlafend auf ihren Augenblick. Jetzt ist es soweit, und sie fangen an, sich zu teilen und zu teilen und zu teilen. Es müssen Flügel entstehen und Beine, Muskeln und empfindliche Riechorgane. Wenn es nicht zu kalt ist, läuft alles innerhalb einer Woche ab. Es wirkt wie Zauberei, wenn aus Larve und Puppe auf einmal eine Fliege zum Vorschein kommt, aber das ist es keineswegs. Die Fliege saß schon immer in der Larve, wenn auch als winziges Wesen, das erst jetzt sichtbar wird. Damit die Puppenhaut reißt, bläst die Fliege einen kleinen Ballon auf ihrem Kopf auf, der ihr eigens für diese Gelegenheit mitgegeben wurde. Nie wieder wird sie ihren Panzer verlassen, von nun an bleibt sie immer gleich groß. Eine große Fliege ist also nicht älter als eine kleine, sie gehört nur einer anderen, größeren Art an.

Die Larve einer Libelle hat kein so herrliches Leben wie eine Fliegenlarve. Sie muß selbst für ihre Nahrung sorgen. Schon gleich nach der ersten Häutung braucht sie deshalb Beine, einen richtigen Kopf mit guten Augen und eine Waffe. Sonst könnte sie keine Beute fangen, denn die ist ihr im Laufen und Schwimmen weit überlegen. Am Grund eines Baches oder irgendwo zwischen den Wasserpflanzen legt sich eine Libellenlarve auf die Lauer, bis eine Beute in Reichweite kommt. Dann fährt unter ihrem Kopf auf einmal eine Art Greifkran aus, die Fangmaske, und schlägt zu. Zunächst fängt sie auf diese Weise Wasserflöhe, später mag eine große Libellenlarve auch Fisch und sogar Artgenossen. Umgekehrt sind Libellenlarven ein Leckerbissen

Linke Seite: Nach der Verpuppung hat sich die einfache Made in eine komplizierte Fliege verwandelt, deren Augen aus Tausenden von Einzeläuglein bestehen.
Die Larve einer Libelle (oben) ernährt sich von Kaulquappen und anderen Wassertierchen, bis für sie der Zeitpunkt kommt, das Wasser zu verlassen (rechts) und eine richtige Libelle zu werden.

für Fische. Trotz ihrer Gefräßigkeit kann es bis zu drei Jahren dauern, ehe die Larve groß genug ist, um eine richtige Libelle zu werden. Viele Larven haben sich dann schon über zehnmal gehäutet. Beim letztenmal muß weniger verändert werden als bei einer Raupe

1

2

3

oder Fliege. Flügel sitzen als Stummel schon auf dem Rücken, und die Augen können kaum noch größer werden. Deshalb ist eine Verpuppung nicht notwendig; die Libelle schlüpft einfach aus der letzten Larvenhaut. Trotzdem ist es eine gewaltige Verwandlung, wenn aus einem im Wasser lebenden Tier ein Tier wird, das sich in der Luft tummelt.
Als Zwischenstation klettert die Larve in ihrer letzten Haut an einem Schilfrohr aus dem Wasser und klammert sich gut daran fest. Bei einer Großen Königslibelle bricht nach zehn Minuten hinten an Kopf und Brust plötzlich die Haut auf (1), und die fertige Libelle zwängt sich nach draußen (2). Sie bleibt mit ihrem Hinterleib noch etwa eine halbe Stunde in der Larvenhaut hängen (3), ehe sie sich vollständig herauswindet (4). Im sicheren Dunkel der Nacht pumpt die Libelle kräftig Blut in die Adern ihrer noch faltigen

4

Flügel (5), bis sie straff sind (6). Wenn die Sonne aufgeht, beginnt die Libelle mit ihren Flügeln zu schwirren, bis sie warm genug ist, um starten zu können. Es ist schon spannend, so eine Verwandlung durchzumachen und als neues Wesen aus dem Wasser hervorzugehen. Leider hast du dieses Abenteuer schon hinter dir. Auch du hast dich von einem Bewohner des Wassers in einen Landbewohner verwandelt. Einst, im Bauch deiner Mutter, hast du wie eine Kaulquappe im Wasser gelebt. Die erste Luft hast du erst nach neun Monaten in die Lungen eingesogen, nämlich bei deiner Geburt. Das war dein großer Augenblick.

5

6

Die Verwandlung der Libellenlarve zum fliegenden Insekt ist ein spannendes Ereignis, das wir in der Natur nur selten so scharf aus der Nähe beobachten können wie auf diesen Bildern.

Wovon man wächst

Für alles braucht man Energie.
Essen liefert Bausteine.
Das Problem mit der festen Nahrung.
Wer jung ist, braucht die Hilfe der Eltern.
Füttern ist eine herrliche Sache – aber Vorsicht dabei!

Du mußt doch noch wachsen», sagt man zu dir, wenn du deinen Teller nicht leer ißt. Aber vom Essen wächst du kaum, das spielt dabei nur eine Nebenrolle. Wenn du von allem, was du ißt, größer würdest, nähmst du jeden Tag ein paar Kilo zu und wärst jetzt ein tonnenschwerer Dinosaurier. Wo ist das ganze Essen denn geblieben? Das meiste davon ist verbrannt, überall in deinem Körper, in jeder Zelle. Essen ist gleich heizen. Miß nur einmal mit dem Thermometer, wie warm dein Körper innen ist: 37 Grad Celsius. Das ist viel höher als die Zimmertemperatur. Um deinen Körper so stark aufzuheizen, brauchst du viel Brennstoff. Iß nur tüchtig. Dir muß doch warm davon werden. Kinder essen große Mengen. Weil sie klein sind, haben sie innen wenig, das Wärme spendet, aber außen viel, um Wärme abzugeben. Deshalb muß im Inneren besonders stark geheizt werden. Ein zwölfjähriges Kind wiegt halb soviel wie sein Vater, ißt aber fast genausoviel. Es muß ja mehr Wärme erzeugen, und außerdem bewegt es sich mehr. Zum Spielen, Herumlaufen, zum Essen und zum Quengeln: Für alles brauchst du Energie, und die stammt aus der Verbrennung. Für eine halbe Stunde Radfahren oder eine Stunde Spazierengehen mußt du mindestens einen Hamburger verbrennen.

Fast jede Nahrung ist als Brennstoff geeignet, aber das wenige Essen, von dem du wächst, muß schon sehr gut sein, denn damit baust du an dir weiter. Bei Tieren kommt es oft vor, daß sie ihre eigene Art fressen. Weil sie daraus hervorgegangen sind, ist diese Nahrung für das Wachstum gut geeignet. Alte Hechte fressen junge Hechte, junge Hechte fressen noch jüngere Hechte. Kaulquappen mögen gerne Kaulquappen. Eulenkinder fressen häufig ihr jüngstes Schwesterchen oder Brüderchen, das in Jahren mit wenig Nahrung beim Füttern nicht an die Reihe kommt und verendet. Für den Menschen ist es jedoch eine unerträgliche Vorstellung, gegessen zu werden. Deshalb fressen wir uns gegenseitig nicht auf, und du mußt eben von Rind- und Schweinefleisch wachsen oder auch ganz ohne Fleisch. Auch aus einer Portion Erbsen kann dein Körper ein Stück Nase bilden, aus einem Stückchen Käse eine Pustel auf deiner Hinterbacke. In deinen Eingeweiden wird die Nahrung in ihre Bausteine zerlegt, aus denen dann ein neues Stück Mensch angebaut werden kann. Allerdings muß deine Nahrung dazu alle Bausteine enthalten, die du

Linke Seite: Um ihren Nachwuchs großzuziehen, schleppen Singvögel wie das Rotkehlchen manchmal riesige Mengen Fliegen, Käfer und Raupen an.

brauchst. Enthält sie zum Beispiel wenig Kalk, wachsen deine Knochen schlecht. Ein Küken bekommt in seinem Ei das beste Wachstumsfutter seines Lebens: Dotter. Ist es erst aus dem Ei geschlüpft, muß es darauf verzichten. Aus und vorbei! Was jetzt? Milch gibt seine Mutter nicht, also muß es sofort nach dem Schlüpfen feste Nahrung essen: Körner, Käfer, Fisch. Und das alles ohne Zähne! Trotzdem bereitet dies dem Hühnerküken keine Mühe. Es schlüpft aus dem Ei, kommt zu Kräften und fängt schon sehr bald an, auf dem Boden Körner zu picken. Seine Mutter zeigt ihm manchmal mit dem Schnabel, welche am leckersten sind, aber verdauen muß es sie schon selbst – in seinem Magen, der auf der Innenseite harte Rillen hat, mit denen die Körner kleingemahlen werden. Die meisten Jungtiere haben mit fester Nahrung aber noch Schwierigkeiten. Ein Säugling wird nie an einem Kotelett nagen. Seine Verdauung ist dafür noch nicht geeignet. Deshalb wird er zunächst mit Milch, dann mit Brei oder Mus gefüttert. Auch viele Vögel müssen mit Babynahrung anfangen. Ihre Mutter verdaut die Nahrung in ihrem Körper vor und flößt sie dann ihren Jungen ein. Das findest du nicht gerade appetitlich? Du selbst ißt aber auch vorverdaute Nahrung. Nur ver-

Linke Seite: Kaum sind die blinden und nackten Blaumeisen auf der Welt, geht schon das Betteln um Futter los – Unten: Die ständigen Bettelrufe und die leuchtendgelben Ränder der weit aufgesperrten Schnäbel spornen die Eltern zum Füttern an.

dauen deine Eltern sie nicht in ihrem Körper vor, sondern in einer Pfanne, und nicht mit ihren Körpersäften, sondern mit der Hitze eines Herds. Wenn sie das Fleisch und das Gemüse kochen, werden die Zellen zerstört, so daß die Nährstoffe, die darin enthalten

Vogeljunge sind immer hungrig. Ihre Eltern fliegen hin und her, um die aufgesperrten Schnäbel zu stopfen, und sei es auch nur, damit sie nicht mehr piepsen, denn das lockt Feinde an. Ein Blaumeisenpärchen schafft jeden Tag wohl tausendmal Insekten heran.

sind, freigesetzt werden.
Fleisch läßt sich leichter verdauen als Körner oder Nüsse, aber die Beute, die ein Adler nach Hause bringt, ist für seine Jungen oft zu groß. Dann hackt er Stücke davon ab.

Säugetiere wie Katzen (oben) und Ziegen (rechte Seite) beginnen ihr Leben mit dem besten Essen, das es gibt: der Muttermilch. In dieser Zeit wachsen sie daher auch am schnellsten.

Kätzchen, kleine Ziegen und andere junge Säugetiere brauchen nicht gleich nach der Geburt feste Nahrung zu sich zu nehmen. Sie werden zunächst einige Zeit mit Milch gefüttert. Wie lange, hängt von der Art ab. Ein Kätzchen muß schon nach sechs Wochen selbst kauen, ein Löwenbaby nach zehn. Aber das macht ihnen nichts aus, denn sie fressen Fleisch, und das ist leicht verdaulich. Die Schwierigkeit besteht vor allem darin, welches zu besorgen. In der Zeit, in der sie noch nicht selbst auf die Jagd gehen können,

warten junge Wölfe hungrig auf die Rückkehr ihres Vaters vom Beutezug. Die Nase gegen seine Schnauze gepreßt, betteln sie um das Fleisch, das er in seinem Magen mitgebracht hat. Wenn ein Hund dir einen Kuß auf den Mund geben möchte, verhält er sich genauso wie sein Vorfahr, der Wolf.
Elefanten- und Nashornjunge werden manchmal zwei Jahre lang von ihrer Mutter gesäugt, zusätzlich fressen sie dann schon eine Zeitlang Blätter oder Gräser. Es gibt aber auch Pflanzenfresser, die nicht lange auf die Muttermilch angewiesen sind. Ein Kuhkalb wird schon mit neun Wochen abgestillt. Der Mensch, ein Allesesser, bekommt seine erste feste Nahrung nach einem halben Jahr.
Ein Kuckucksjunges wird von einer Pflegemutter aufgezogen. Seine eigene Mutter legt ihr Ei im Nest eines ganz anderen Vogels ab. Der fällt meistens darauf herein, und damit steht es schlecht um seine eigenen Jungen. Das Kuckucksjunge, das als erstes schlüpft, bugsiert seine Pflegegeschwister rücksichtslos über den Rand des Nestes. Ganz allein frißt es anschließend mindestens genausoviel, wie all die Brüderchen und Schwesterchen zusammen verzehrt hätten. Wenn der junge Kuckuck das Nest verläßt, kann er bis zu zehnmal größer sein als die Vögel, die für ihn die Nahrung herangeschafft haben.
Es gibt auch Insekten, die sich wie der Kuckuck verhalten. Kuckucksbienen legen ihre Eier im Nest anderer Bienen ab. Manchmal verjagen sie dann die Königin. Noch schlauer aber ist es, sie ungestört zu lassen, damit sie neue Arbeiterinnen in die Welt setzen kann, die die Eier der Kuckucksbienen versorgen.
Eine Forelle wird mit einem Sack voll Essen geboren. Im Gegensatz zu einem neugeborenen Küken hat sie noch genügend Eidotter. Wie ein großer gelber Ball hängt dieser Leckerbissen an dem Babyfisch, der ziellos umhertaumelt. Der Ball wird immer kleiner und der Fisch immer größer, bis nach fünf Wochen von dem Dottersack nichts mehr zu sehen ist. Nun muß der Kleine selbst auf die

Linke Seite: Liebevoll füttert die Schleiereule ihre Kinder. Die Kleinsten bekommen nur die zartesten Stückchen von der Maus, wie zum Beispiel die Eingeweide und die Oberschenkel. – Oben rechts: Auch wenn ein Känguruhkind seinen Beutel schon verlassen hat, trinkt es immer noch gerne Muttermilch.

Jagd gehen, aber das ist kein Problem: Im Wasser schweben und schwimmen immer Beutetiere, die noch kleiner sind.
Essen ist schön, und genauso schön ist es, andere zu füttern: das Entchen mit Brot, das Baby mit der Flasche, das Pferd mit einem Karottenstückchen. Jeder Happen, den du fütterst, ist ein Happen Freundschaft. Aber du mußt gut aufpassen, daß du keinem Tier etwas gibst, das ihm schaden könnte. Auch geeignete Nahrung kann gefährlich werden, wenn zuviel oder zum falschen Zeitpunkt gefüttert wird. Es ist weder für den Teich noch für die Enten gut, wenn im Park zu viele Menschen Futter ins Wasser werfen. Und so lieb es auch ist, den Vögeln mit Futter durch den Winter zu helfen, so falsch ist es, sie im Sommer zu füttern. Im Winter freuen sich die Meisen über die Erdnüsse, mit denen du sie fütterst, im Sommer aber können dieselben Erdnüsse tödlich sein. Nicht für die ausgewachsenen Meisen, wohl aber für ihre Jungen, die keine Erdnüsse oder Körner fressen dürfen, sondern nur Würmer und Käfer. Räume daher nach dem Winter die Futterschnüre und Meisenknödel immer weg, sonst füttern die Vögel ihre Jungen damit, die dann an Verstopfung sterben können. Manchmal siehst du eine junge Amsel oder Drossel hilflos umherhüpfen, weil sie noch nicht fliegen kann. Laß sie in Ruhe. Es kommt oft vor, daß Vögel ihre Nester verlassen, bevor sie selbst für sich sorgen können.

Linke Seite: Im ersten Monat ernährt sich eine Forelle von dem Dotter, der in einem großen Sack an ihrem Bauch hängt (oben). Zwei Monate später steht sie schon fest in der starken Strömung und lauert auf Beute (unten).

Rechts: Dem Essen folgt die Verdauung. Ein Blaumeisenjunges streckt sein Hinterteil in die Höhe, damit sein Vater das weiße Kotbällchen übernehmen und entfernen kann.

Ihre Eltern füttern sie außerhalb des Nestes noch eine Weile weiter. Wenn du in sicherer Entfernung abwartest, kannst du beobachten, wie sie beim geringsten Piepsen ihres Jungen sofort herbeieilen. Erscheint wirklich niemand und bist du sicher, daß der kleine Vogel im Stich gelassen wurde, kannst du ihn ausnahmsweise zu dir nach Hause mitnehmen. Dort wirst du merken, wieviel Arbeit ein Vogel mit seinen Jungen hat. Du mußt diesen Winzling jede Stunde füttern, von morgens früh bis abends spät, und oft führt all deine Mühe doch nur zu einem schlimmen Ende. Von jungen Raubvögeln mußt du dich völlig fernhalten; sie gehören entweder zu ihren Eltern oder aber in ein spezielles Heim. Grundsätzlich ist es das beste, die Tiere in der Natur in Ruhe zu lassen und sich nicht einzumischen. Wenn du das Füttern aber nicht lassen kannst, dann füttere lieber dein Brüderchen oder Schwesterchen oder versorge ein Kleinkind aus der Nachbarschaft.

Die Geheimwaffe

Was ein runder Kopf mit großen Augen alles bewirken kann.
Wie die Jungen die Eltern zum Arbeiten anspornen.
Warum wir so lieb zu jungen Tieren sind.
Wie Tierkinder heranwachsen.
Auch die Jungen eines Räubers müssen essen.

Deine Eltern sind bei dir angestellt. Sie arbeiten für dich, versorgen dich, sind deine Köche und, wenn du krank bist, auch noch deine Krankenpfleger. Als du ein Baby warst, haben sie dich sogar noch gebadet und gepudert und gewickelt. Und das alles ohne Lohn. Wie hast du deine Eltern dazu gekriegt? Das weißt du natürlich selbst am besten. Oder hast du es vergessen?
Gleich nach der Geburt hast du sie zum Arbeiten gebracht. Du brabbeltest, strecktest deine Ärmchen aus, lachtest und versprühtest prustend Speichelbläschen. Wenn Eltern so etwas sehen, fangen sie sofort an zu herzen und zu liebkosen. Unwiderstehlich warst du. Und waren deine Eltern es wirklich einmal leid, dich ständig zu bedienen, konntest du immer noch weinen. Gegen ein weinendes Baby ist jeder Mensch machtlos. Jede Nacht stehen auf der ganzen Welt Millionen Eltern auf, um – koste es, was es wolle – ihre schreienden Kinder zu besänftigen.
Als Kleinkind waren dir noch mehr Menschen zu Diensten. Deine Eltern konnten dich allein nicht mehr beschützen, denn du gingst aus dem Haus, auf die Straße, in den Kindergarten. Um zu erreichen, daß die Menschen nett zu ihm sind, verfügt jedes Kleinkind über eine Geheimwaffe: Es ist einfach reizend. Und deswegen lachen die Erwachsenen ihm zu, streicheln es und wollen lieb zu ihm sein. Zu jungen Tieren verhalten sich die Menschen ebenso. Jedermann findet Lämmlein, Welpen, Ferkel und kleine Kätzchen niedlich. Wie Kleinkinder rühren sie die Menschen. Das liegt an ihrem Aussehen: mit einem runden Kopf, großen Augen, einer hohen Stirm und einem kleinen Näschen. Haben sie obendrein noch kurze, dicke Beinchen und piepsen jämmerlich dazu, haben sie schon gewonnen. Man muß ein eiskaltes Gemüt haben, um solch ein niedliches Wesen nicht sofort ins Herz zu schließen.
Die Menschen sind verrückt nach jungen Tieren. Ist irgendwo ein Eisbärenbaby geboren, stehen sie an der Zookasse Schlange; gibt man ihnen ein junges Kaninchen in die Hand, so fangen sie an zu lächeln. Allein schon das Foto eines Welpen finden sie niedlich. Oder sie liebkosen einen Teddybären. Der ist zwar nicht lebendig, aber auch er hat einen kugelrunden Kopf mit einer kurzen Nase, und seine Beine sind kurz und dick. Manche Tiere sehen ihr ganzes Leben lang wie ein Kleinkind aus. Ein Seehund blickt bis ins hohe Alter mit großen Augen aus einem

Linke Seite: Auch wenn dieser kleine Ziegenbock schon Hörnchen bekommt, braucht er noch den Schutz seiner Familie. Er ist ja erst zwei Monate alt!

runden Kopf. Ein solches Tier ist für den Naturschutz besonders günstig. Um der Seehunde willen spenden die Menschen Geld, mit dem sie das Meer wieder sauber zu kriegen versuchen. Diese kugelrunden Köpfe sind aber nicht dazu gedacht, uns zu rühren, sondern dazu, die eigenen Eltern zum Arbeiten zu bringen. Tiere mit einem Fell setzen dazu auch ihre Farben ein. Paviane zum Beispiel haben als Jungtiere eine besondere Farbe, die die alten Affen freundlich stimmt; solange ein Junges die richtige Farbe hat, darf es ungestraft über seine Eltern, Onkel und Tanten hinwegturnen.

Viele Tiere wachsen wie wir Menschen in einer Familie auf. Aber bei weitem nicht immer besteht sie aus Vater, Mutter und Kindern. Nur wenige Tiere kennen ihren Vater. Meistens hat er sich schon längst davongemacht, wenn sie geboren werden. Während Elefanten ihre Jugend bei ihrer Mutter verbringen, streift ihr Vater alleine umher, bis er endlich wieder einmal ein Weibchen findet, das bereit ist, sich mit ihm zu paaren. Es gibt auch Männchen, die einen ganzen Harem Weibchen haben. Wenn du ein junger Pavian wärst, würdest du in einer Familie mit deinem Vater, deiner Mutter, den anderen

Weil niemand für die Kaulquappen sorgt, sind sie eine leichte Beute für Unterwasser-Räuber, zum Beispiel für den Bergmolch. – Rechte Seite: Eine kleine Schleiereule kuschelt sich eng an ihre Mutter, weil es dort so schön warm ist.

Frauen deines Vaters, deinen Brüdern, deinen Schwestern und einer ganzen Schar Halbbrüder und -schwestern zusammenleben.
So wie viele Menschenfamilien ein Dorf oder eine Stadt bilden, so lebt eine Pavianfamilie mit anderen Familien gemeinsam in einer Gruppe zusammen. Auch Elefanten und Schimpansen leben mit ihren Familien zusammen, und bei Fledermäusen kann ihre Zahl durchaus in die Hunderttausende gehen. Auf diese Weise werden die Jungen von einer großen Anzahl ausgewachsener Tiere

beschützt. Seevögel, die häufig auf kahlen Felsen leben, ziehen ihre Jungen auch gerne in einer Kolonie groß. In einer Silbermöwenkolonie hocken die Vögel eng nebeneinander, und das nicht, weil sie zu wenig Platz hätten, sondern weil sich kein einziger Fuchs zwischen all die Schnäbel und Klauen wagt. Nur am Rande der Kolonie lauert die Gefahr.
Eine Familie wie bei den Menschen findet man in der Natur vor allem bei den Vögeln. Vater und Mutter arbeiten getreulich zusammen, um ihren Nachwuchs aufzuziehen. Deshalb werden Vogelfamilien den Menschen oft als Beispiel hingestellt. Aber ein Vogel kann gar nicht anders. Wenn eine Vogelmutter ihre Eier ganz allein ausbrüten müßte, käme sie um vor Hunger, und selbst wenn sie trotzdem überlebte, würden ihre Jungen dann mehr fressen, als sie heranschaffen könnte. Ein Storchenpaar zum Beispiel arbeitet lieber gemeinsam. Erst brüten Vater und Mutter abwechselnd, später hält der eine Wacht bei den Jungen im Nest, während die andere auf Futtersuche geht.
Ausnahmen sind in der Natur die Regel. Bei den Eiderenten brütet die Mutter ihre Eier ganz alleine aus. Sie ist deshalb auch ganz ausgehungert, wenn es soweit ist. Um endlich wieder etwas essen zu können, läßt sie ihre Jungen in der Obhut eines anderen Weibchens zurück. Auf diese Weise kann ein ganzer Kinderhort entstehen.

Linke Seite: Wellensittiche wie diese vier kleinen Piepmätze haben fürsorgliche Eltern. Auch die Väter helfen beim Füttern mit.
Rechts: Während ein Altvogel auf Futtersuche ist, hält der andere im Nest Wache. Es wird noch einige Monate dauern, bis dieses Störchlein mit den Eltern den langen Flug nach Afrika antreten kann.

Bei den Nandus, südamerikanischen Laufvögeln, verhält es sich wieder anders. Ihre Eier werden allein von den Männchen ausgebrütet und großgezogen. Oft sieht man den Vater mit einer ganzen Reihe von Jungen hinter sich umherlaufen. Verirren oder verlaufen

Linke Seite: Auch wenn Mutter Wanderheuschrecke nicht für ihre Jungen sorgt, trifft sie doch Vorkehrungen. Sie legt die Eier tief in den Boden und spritzt den Gang voll Schaum, der dann hart wird und einen guten Schutz bildet.

Auf diese Weise sind die Jungen sicher, bis sie schlüpfen und als winzig kleine Heuschreckenlarven an die Oberfläche kommen (oben). Dann müssen die Larven sich noch mehrmals häuten, bis sie ausgewachsen sind wie dieser Grashüpfer (unten).

sie sich, schließen sie sich einer anderen Familie an, so daß sich so ein Männchen schließlich mit Dutzenden von Jungen unterschiedlichen Alters und von verschiedenen Müttern herumschlägt.

Insekten und Fische werden häufig als Waisen geboren. Ihre Eltern sind bei ihrer Geburt schon tot, oder sie sind in Winterquartiere umgezogen. Doch auch wenn sie die Eier damals ihrem Schicksal überlassen haben, so ist doch dafür gesorgt, daß der Nachwuchs eine Chance hat. Vorsorglich legen sie ihre Eier an eine Stelle, an der sich genügend Futter findet, und der Zeitpunkt ist so gewählt, daß die Jungen genau in der richtigen Jahreszeit schlüpfen. Auch an ihre Sicherheit ist

gedacht. Eine Wanderheuschrecke legt ihre Eier tief in die Erde und verschließt den Zugang mit hartem Schaum, um Räuber fernzuhalten. Natürlich kann all diese vorausschauende Sorge die Hilfe der Eltern nicht ersetzen. Junge, die auf sich allein gestellt sind, haben geringere Überlebens-Chancen als in einer Familie. Deshalb sind sie auch so viele. Wenn genügend Junge da sind, bleibt fast immer eines übrig, das heranwächst und für neuen Nachwuchs sorgen kann.

Eine Kaulquappe ist meistens keine Waise.

Oben: Eine Gorillamutter paßt gut auf ihr Baby auf. In der ersten Zeit dürfen die anderen Affen, so groß ihre Neugierde auch sein mag, es nicht berühren. – Rechte Seite: Am Finger nuckeln und in Mutters Armen schlafen – das machen auch Menschenbabys gern.

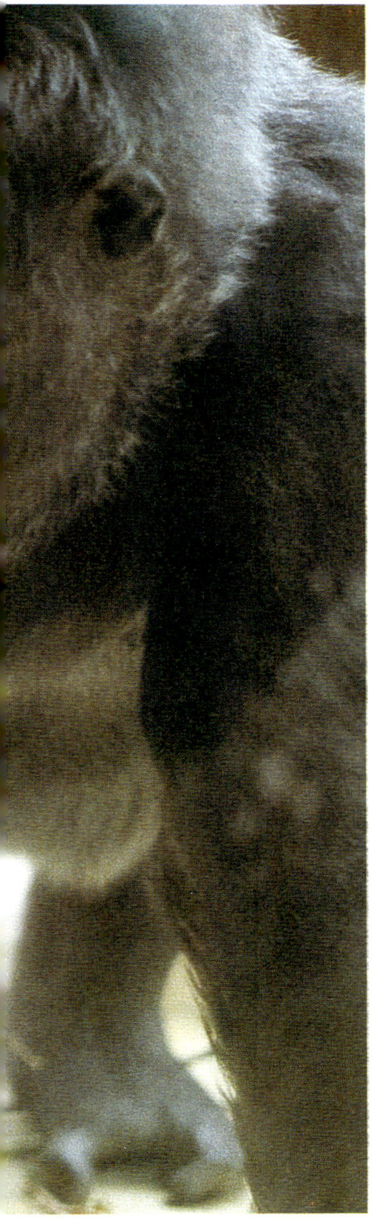

Oft leben ihr Vater und ihre Mutter im selben Teich wie sie, aber die Eltern kümmern sich nicht im geringsten um sie und helfen ihr auch nicht, wenn etwa ein Bergmolch sie auffressen will. Weil sie nicht wissen, wie sie ihre Eltern für sich arbeiten lassen können, sterben die meisten Kaulquappen schon lange, bevor sie Frösche werden. Manchmal werden sie sogar von ihrem eigenen Vater oder Mutter aufgefressen. Ein Laubfrosch kann den Unterschied zwischen seinem Futter und seinem Kind nicht erkennen. Was mit seinem Jungen geschieht, macht ihm nicht viel aus; es sind ja genug da.

Es gibt aber auch andere Mütter, die sich durchaus um ihre Kinder kümmern. Das liegt sowohl an der Mutter als auch am Kind. Das Kind muß seine Mutter dazu antreiben, es zu

versorgen, und die Mutter muß sich antreiben lassen. Viele Mütter haben sogar Freude daran. Hündinnen mit Jungen finden es oft so herrlich, sie zu bemuttern, daß man ihnen fremde Welpen an die Zitzen anlegen kann oder sogar das Junge einer ganz anderen Tierart. Das ist im Zoo hin und wieder schon einmal notwendig, wenn die eigene Mutter tot ist oder ihr Junges nicht gut versorgt.
Die meisten Tiermütter wissen zwar, was sie tun müssen, doch gibt es auch welche, die das erst lernen müssen. So kann eine Gorillamutter, die ganz allein aufgewachsen ist, ihr Junges nicht großziehen. Sie findet es unheimlich, auf einmal so ein Äffchen um sich herum zu haben. Im Zoo wird ihr das Junge deshalb weggenommen und vom Tierpfleger großgezogen, aber damit läßt sich nicht viel erreichen, denn so lernt auch dieses Tier nicht, ein Junges zu betreuen. Gorillas müssen in einer Gruppe aufwachsen. Nur so können sie Selbstvertrauen erwerben und alles lernen, was ein Gorilla in seinem Leben können muß. Affen, die alleine aufwachsen, werden scheu und gestört.
Wenn es nötig ist, opfern viele Mütter ihr Leben, um ihre Jungen zu schützen. Antilopen keilen kräftig gegen den Löwen aus, der ihr Junges schlagen will, Schwäne mit Jungen sind sogar für den Menschen gefährlich. Daß in der Natur trotzdem so viele Jungtiere von Räubern hinweggerafft werden, ist nicht die Schuld der Mütter. Im Gegenteil, es ist sogar ihr Verdienst. Die Jungen eines Räubers müssen nämlich auch essen.

Rechts: Der Beutel der Mutter bietet höchste Sicherheit, doch kann es dem kleinen Känguruh darin auch schon einmal zu warm werden!

Die Tierschule

Eine Schwalbe braucht keinen Erdkundelehrer.
Ameisen, Schnecken und Frösche wissen von klein auf genug.
Kleine Löwen spielen Fangen, junge Füchse Vater und Mutter.
Jagen will gelernt sein.
Neugier ist etwas Wunderbares.

Tiere brauchen – wie schön für sie! – nicht zur Schule zu gehen. Während du Erdkunde hast oder eine Klassenarbeit schreibst, sonnen sich die Amseln auf dem Schulhof. Dein Blick schweift ab, zum Fenster hinaus, der Freiheit entgegen. Eine Katze erwidert schläfrig deinen Blick, eine halbwüchsige Möwe dreht eine Runde um den Kirchturm. Tiere werden nicht mit Biologie belästigt, Kinder hingegen wohl. Wenn es mit rechten Dingen zuginge, müßte es anders sein. Ein Tier wird schon mit einem Schulabschluß geboren. Von seinem Vater und seiner Mutter hat es nicht nur Augen bekommen und Beine und ein funkelnagelneues Herz, sondern auch Fähigkeiten und Kenntnisse. Sein Gehirn ist bei der Geburt schon gut entwikkelt. Eine Spinne weiß, wie sie ihr Netz spinnen muß; Schimpansen braucht man nicht zu zeigen, wie man eine Rolle hinlegt, und obwohl eine Schwalbe nie Erdkunde hatte, findet sie den Weg von Afrika nach Hause. Für Unterricht ist häufig nicht einmal Zeit. Wenn ein Vogel genauso mühsam fliegen lernen müßte wie ein Pilot, wäre er schon längst abgestürzt. Statt dessen breitet er seine Flügel aus und fliegt, ohne erst überlegen zu müssen. Das Fliegen ist ihm angeboren; er fliegt, wie man sagt, «nach Instinkt».

Aber auch Tiere müssen viel lernen. Bei ihrer Geburt kann noch in vielen Fächern der Abschluß fehlen. So überschlagen sich viele Vögel bei ihrer ersten Landung, weil sie nicht gut auf den Wind geachtet hatten. Ratten müssen lernen, daß Seife eßbar ist, nicht aber Gift, und eine Schwalbe muß sich gut merken, wo ihr Nest ist, damit sie überhaupt dahin zurückfindet. Gut aufpassen kann in der Natur das Leben retten. Auf Schwänzen steht die Todesstrafe.

Ameisen, Schnecken und Frösche wissen von klein auf genug. Deshalb werden sie nicht mehr klüger und tun immer nur dasselbe. Junge Amseln, Katzen und Affen hingegen lernen jeden Tag etwas hinzu; ihr Geist wächst mit ihrem Körper mit. Und doch sind in der Natur keine Amselschulen, Katzenschulen oder Affenschulen anzutreffen. Das meiste lernen die Tiere von selbst, im Spiel. Ihr Schultag besteht vor allem aus Spielen. Katzen spielen mit Garnrollen und Hunde mit Knochen. Das schönste Spielzeug findet man bei den Elefanten: den Rüssel. Am Anfang wissen die jungen Elefanten mit dem komischen Ding nichts anzufangen. Sie

Linke Seite: Im Alter von zwei Monaten kommen Dachsjunge zum erstenmal mit ihrer Mutter aus dem Bau.

schwenken damit herum und stolpern darüber. Es kann Monate dauern, bis sie begreifen, daß sie damit Wasser verspritzen können. Dann geht der Spaß erst richtig los. Stell dir nur vor, was du selbst alles mit einem Rüssel tun könntest!
Löwen spielen Fangen miteinander. Das kommt ihnen später zustatten, wenn sie eine Antilope jagen müssen, um etwas zum Fressen zu haben. Vom Spiel wachsen ihre Muskeln, sie können ihre Sprünge jedesmal besser berechnen, und sie lernen, wann genau sie zuschlagen müssen. Auch die jungen Antilopen spielen Fangen, doch bei ihnen geht es um das genaue Gegenteil. Sie üben nicht das Angreifen, sondern das Flüchten. Wie nützlich das später sein kann, wissen sie ebensowenig, wie den Löwen der Sinn ihres Spiels bewußt wäre. Junge Tiere spielen einfach zum Vergnügen. Kleine Füchse spielen sogar Vater und Mutter. Es sieht aus, als ob sie sich paarten, dabei ist alles nur Spiel.
Um deutlich zu machen, daß sie nur so zum Spaß herumtollen, geben sich Tiere ein Zeichen. Schimpansen lächeln sich beim Spielen zu, aber ohne die Zähne zu fletschen, denn dann wäre es gleich wieder Ernst. Löwenjunge ziehen beim Balgen die Krallen ein und vollführen steife Sprünge, um damit ihre Gutmütigkeit zu zeigen. Ihre Mutter legt den Kopf zwischen die Vorderpfoten, wenn sie Lust zum Spielen hat, und streckt dabei das Hinterteil in die Höhe, genau wie ein

Bildreihe links: Sauberkeit beim Verrichten des «Geschäftchens» brauchen Kätzchen nicht zu lernen. Sie wissen von selbst, wie sie den Boden etwas aufscharren (oben), den Schwanz sorgfältig hoch halten (Mitte) und das Ergebnis dann mit Erde zudecken müssen (unten).

Nach einer Runde Herumbalgen mit der Mutter (oben) träumen kleine Katzen von großen Heldentaten (links).

Hund, der spielen möchte. Nur wedelt sie dabei nicht mit dem Schwanz. Daß der Mensch diese Zeichen nicht kennt, hat schon oft zu Mißverständnissen geführt. Dennoch läßt sich erkennen, ob ein Tier es ernst meint oder nicht. Wenn es wirklich kämpft, bekommt es nach einer Weile genug davon. Sobald es seine Beute gepackt hat oder wenn feststeht, wer gewonnen hat, verliert es die Lust am Kämpfen. Bei einem Spiel aber sind Tiere unermüdlich. Dein Hund bringt das Stöck-

Oben: Nach zehn Tagen öffnen kleine Hunde langsam ihre Augen. Richtig sehen können sie aber erst, wenn sie drei Wochen alt sind.

Rechte Seite: Der erste Ausflug ins Grüne ist eine aufregende Sache für Hundebabys wie diese Dackel.

---

chen immer wieder zurück, damit du es wieder wegwirfst – und meistens wird nicht er das Spiel leid, sondern du.
Weil es in der Natur keinen richtigen Lehrer gibt, erteilen die Eltern ab und zu Nachhilfeunterricht. Eine Löwin läßt ihren Schwanz hin und her schwingen, damit ihre Jungen die Beutejagd üben können. Später schafft sie Antilopen heran und läßt die Jungen das Töten üben. Aber du brauchst nicht unbedingt nach Afrika zu fahren, um so etwas zu beobachten. Unsere Katzen verhalten sich genauso. Die Jungen schlagen nach dem Schwanz ihrer Mutter und jagen hinter einem Korken her wie hinter einer Maus.
Das tun sie aus eigenem Antrieb, aber das eigentliche Töten muß ihre Mutter ihnen vormachen. Dazu bringt sie eine Maus mit nach Hause und schüttelt sie in ihrem Maul heftig hin und her, um ihr das Genick zu brechen.
Dasselbe Verhalten kannst du bei einer Katze sehen, die einen Korken erwischt hat.
Haustiere wie Hunde und Katzen haben neben ihrer Mutter noch jemanden, der sie etwas lehrt: ihr Herrchen oder Frauchen. Der Mensch erzieht sie zur Sauberkeit und bringt ihnen bei, wann gegessen wird und daß nicht jeder Briefträger ein Einbrecher ist. Das läßt sich auf unterschiedliche Weise erreichen: durch Vormachen, Üben, Belohnen und Strafen. Eine Belohnung besteht meistens aus einem Leckerbissen oder einer Liebkosung, aber einem Hamster zum Beispiel kann man keinen größeren Gefallen tun, als ihn mit allerlei Holzstückchen zu belohnen, in denen er zwischendurch wühlen kann. Mit Strafen erreicht man am wenigsten. Und manche Dinge kann man einem Tier nie beibringen. Ein Hund lernt niemals das Miauen, ein Pferd wird nie ein Stück Holz apportieren. Hunde sind nun einmal nicht so beschaffen, daß sie die Laute einer Katze von sich geben könnten, und ein Pferd schleppt kein Futter im Maul herum. Das braucht es auch nicht, weil

Am schönsten und wärmsten ist es in Mutters Fell (oben). Und wenn sie auf Futtersuche ist, halten die Fuchswelpen sich gegenseitig warm (unten).

es auf der Weide schon mitten in seinem Futter steht.

Kein anderes Tier spielt soviel wie junge Affen. Kleine Gorillas können einfach nicht stillsitzen. Sie benutzen Lianen als Schaukel, rutschen schiefgewachsene Baumstämme hinab oder setzen im Gänsemarsch über die Äste. Junge Schimpansen treiben gerne Schabernack. Im Zoo füllen sie ihren Mund mit Wasser und hocken sich dann scheinheilig hin, bis ein Besucher nah genug herankommt, daß sie ihn naßspritzen können. Auf freier Wildbahn bewerfen sie einander mit Stöcken und Steinen, und es kommt vor, daß sie einem alten Schimpansen plötzlich einen Stoß versetzen oder ihn neckisch beißen, um dann rasch wegzulaufen. Als richtige Pubertierende bringen halbwüchsige Schimpansen ihre Eltern zur Verzweiflung. Die Jungen erhalten durch ihr Treiben aber Gelegenheit, sich mit den Alten zu messen und sich einen Platz in der Gruppe zu sichern. Untereinander haben die Jungen die Rangordnung während ihrer Spiele schon längst festgelegt.

Neben dem angeborenen und dem erlernten Verhalten gibt es auch ein Verhalten, das zum Teil angeboren und zum Teil erlernt ist. Ein Eichhörnchen weiß von selbst, daß es Nüsse sammeln und sie aufessen muß. Aber wie es sie am besten knackt, das muß es lernen. Zunächst nagt es überall ein wenig an der Nuß, so daß es nirgendwo durch die Schale hindurchkommt. Erst nach vielen vergeblichen Versuchen kapiert es, daß es zwei tiefe Rillen in die Schale nagen und danach die Nuß einfach mit den Vorderpfötchen umdrehen muß, um sie mit einem einzigen Biß zu spalten. Finken müssen ihr Lied einstudieren. Singen können sie von selbst, aber eine Melo-

In der Fuchsfamilie hilft der Vater längst nicht immer mit. Die Mutter ist dann bei der Aufzucht und Nahrungssuche auf sich allein gestellt, wenn sie nicht von «Tanten» unterstützt wird. Die vier munteren Welpen auf diesem Bild machen sich darüber aber keine Gedanken.

die wird erst daraus, wenn sie von alten Finken das richtige Liedchen gehört und nachgeahmt haben. So können sogar richtige Dialekte entstehen. In Amsterdam trillern junge Finken das Lied der Amsterdamer Finken, in Frankfurt lernen die Finken die Frankfurter Weise.

Die besten Nachahmer sind natürlich die Affen. Alles, was die Alten tun, wird von den Jungen «nachgeäfft». So lernen sie, welche Früchte und Blätter unter den Abertausenden von Sorten im tropischen Regenwald sie essen können und welche besser nicht. Dadurch wird verhindert, daß sie von der falschen Nahrung krank werden. Das hat jedoch auch einen Nachteil: Sie lassen eine ganze Menge guter Sachen hängen, weil niemand sie je gelehrt hat, daß sie ebenfalls eßbar sind. Ratten verfahren beim Lernen noch strenger. Sie fressen nur, was sie ein

anderes Mitglied der Gruppe einmal haben verzehren sehen, und rühren nichts an, was einem der Gruppenmitglieder schlecht bekommen ist. Deshalb sind Ratten so schwer zu vergiften. So schmackhaft die Lockspeise auch sein mag – sobald eine Ratte davon krank geworden ist, machen alle anderen Ratten einen großen Bogen um sie. Nur die Menschen haben ähnlich feste Eßgewohnheiten. Weil europäische Kinder ihre Mutter nie geröstete Heuschrecken haben essen sehen, mögen sie auch keine, während sie für afrikanische Kinder ein wahrer Leckerbissen sind. Und was ein Kind nicht mag, das schluckt es einfach nicht.
Sonst sind Affen und Menschen in ihren Gewohnheiten nicht so starr. Wissen saugen sie ungleich weniger wählerisch in sich hinein als

Oben: Bei seiner Mutter sicher geborgen, bekommt das Junge alles mit, was ein Schimpanse über das Leben wissen muß.

Rechte Seite: Tagsüber bekommt ein Eulenkind nichts zu fressen. Es vertreibt sich die Zeit bis zum Abendessen mit Dösen, Gefiederputzen und Spielen mit den Geschwistern.

Im Alter von zwei Monaten (oben) gelingt den Kleinen Pandas das Klettern noch nicht so gut wie einen Monat später (rechts). Wenn sie vier Monate alt sind (rechte Seite), tun sie nichts lieber, als in den Bäumen herumzutollen.

Essen und Trinken. Sie finden es so schön, etwas Neues zu entdecken, daß sie sich auf die Suche danach machen, auch wenn es ein bißchen unheimlich ist. Neugier nennt man das.

Die neugierigsten Tiere sind die Affen, vor allem, wenn sie jung sind, und von den jungen Affen sind junge Menschen am allerneugierigsten. Sie sind keine leeren Gefäße, die mit Wissen vollgestopft werden müssen, sondern Schwämme, die von sich aus Wissen aufsaugen, wenn nur aufregendes Wissen in der Nähe ist. Solange Neugier nicht in Übermut umschlägt, ist sie die beste Eigenschaft, die wir haben.

Aus Neugier auf andere Menschen haben wir uns auf die Suche nach fremden Völkern gemacht, aus Neugier auf die Tiere haben wir Nashörner, Känguruhs, Skorpione und unsere nächsten Verwandten, die Affen, entdeckt. Alle diese Menschen und Tiere spielen, wenn sie jung sind, und manchmal tun sie das ihr ganzes Leben lang. Daß sie im Spiel auch nützliche Dinge einüben und lernen, ist ihnen dabei egal. Sie tun es, weil es einfach Spaß macht. Sonst wäre es kein Spiel mehr.

Auf eigenen Pfoten

Auf eigenen Füßen – ein schwieriger Prozeß.
Aus Freunden werden Konkurrenten.
Wie lockt man ein Weibchen an?
Das Wachstum hört auf, die Erneuerung geht weiter.
Anlauf zum großen Sprung.

«Später, wenn ich groß bin» – und irgendwann bricht dieses «Später» an. Bei Robert war es mit neunzehn soweit. Er selbst fand das noch zu früh und wäre lieber bei seiner Mutter und den anderen Elefanten seiner Herde geblieben. Die aber wollten ihn nicht mehr. Wenn er in ihre Nähe kam, liefen sie drohend auf ihn zu. Manchmal bekam er dabei einen unsanften Stoß ab. Robert konnte es nicht begreifen. Eine Zeitlang trieb er sich noch im Umkreis der Herde herum, dann verschwand er im afrikanischen Urwald.
Auch wenn ein Weibchen eine noch so gute Mutter ist, will sie von einem bestimmten Augenblick an mit ihren Jungen nichts mehr zu tun haben. Sie muß den Klotz an ihrem Bein loswerden, und sei es auch nur, weil neue Junge geboren wurden, um die sie sich kümmern muß. Aber auch die Jungen selbst können es mit dem Großwerden eilig haben. Auf seiner Sandbank droht einem jungen Seehund große Gefahr; je früher er im sicheren Wasser selbst auf Fischfang geht, desto besser ist es für ihn. Zugvogeljunge müssen ihre Flügel zu gebrauchen wissen, bevor der Winter einsetzt und es zu spät ist, um in den warmen Süden aufzubrechen. Raubtiere und Affen bleiben länger Kinder, weil sie soviel lernen müssen, aber so spät selbständig wie ein Elefant wird nur der Mensch.
Roberts Schwestern hatten es leichter als ihr Bruder. Elefantenmädchen bleiben oft ihr ganzes Leben bei ihrer Mutter in der Herde aus Weibchen und Jungtieren. Ab ihrem zehnten Geburtstag spielen sie immer weniger mit ihren Freunden, die lästig werden und versuchen, sich mit ihnen zu paaren. Lieber tollen sie nun mit ihren kleinen Nichten und Neffen herum. Babyelefanten dürfen bei den halbwüchsigen Weibchen sogar an der Zitze saugen. Es kommt zwar noch keine Milch, aber sie leistet gute Dienste als Schnuller, und das verschafft der richtigen Mutter etwas Ruhe. So helfen die Elefantenmädchen in der Herde mit und sammeln Mutter-Erfahrung für später.
Solche Kindermädchen gibt es auch bei den Seidenäffchen in den Bäumen Südamerikas. Sie helfen den Eltern bei der Betreuung ihrer Jungen. Wenn sie sich ganz allein darum kümmern müßten, kämen sie gar nicht mehr dazu, genügend Nahrung für alle zu sammeln. Bei den Buschblauhähern ist es vor allem der männliche Nachwuchs, der seine kleinen Geschwister füttern und schützen hilft.

Linke Seite: Auch ein Koalajunges kann nicht das ganze Leben lang bei seiner Mutter bleiben. Dafür ist der Beutel nun mal nicht groß genug.

Auch wenn sie schon groß sind, stehen junge Tiere damit noch nicht auf eigenen Füßen. Erst müssen sie sich einen Platz in ihrer Gesellschaft erobern. Oft muß darum gekämpft werden. Brüder und Onkel, bis dahin Freunde, werden auf einmal zu Feinden. Sie durchschauen es, wenn ein Jungtier auf ihre Stellung scharf ist.
Das größte Problem für ein Männchen besteht darin, ein Weibchen zu finden. Bei vielen Hirschen und Affen gehören alle Weib-

Oben: Im Alter von neun bis zehn Monaten ist die Koala-Kinderstube zu Ende. Die Jungen werden von den neuen Verehrern ihrer Mütter vertrieben. Diesen beiden ist das Leben «auf eigenen Pfoten» offenbar noch nicht ganz geheuer. – Rechte Seite: Dieser Koala ist schon fast so groß wie seine Mutter. Trotzdem reitet er manchmal noch Huckepack – wenn sie ihn läßt!

chen dem Harem eines Männchens an. Nur dieses Männchen darf sich mit ihnen paaren. Natürlich kann ein junges Männchen versuchen, selbst Anführer zu werden. Aber es hat nur eine geringe Chance, daß es ihm gelingt, und auf jeden Fall dauert es sehr lange. Deshalb geht es heimlich ans Werk, wenn der Anführer durch die Paarung zu sehr beschäftigt ist oder aber zufällig einmal in die andere Richtung schaut. Wehe aber, wenn es erwischt wird – dann setzt es was.

Das beste Mittel, um ein Weibchen anzulokken, ist ein eigenes Revier. Meistens aber ist das gesamte Gebiet schon aufgeteilt, und eine große Zahl junger Männchen steht für ein Revier Schlange. Junge Austernfischer-Vögel warten in großen Gruppen darauf, daß irgendwo in der Nähe ein Platz frei wird. Nehmen sie mit einem schlechten Platz vorlieb, kommen sie schnell an die Reihe, sind sie aber wählerisch, müssen sie womöglich ihr ganzes Leben warten. Die jungen Männchen

des Schopfhuhns oder Hoatzins geben meistens rasch auf. Sie helfen ihrem Vater im elterlichen Nest, bis er stirbt und sie seinen Platz übernehmen können.
Wenn ein Vogel ein neues Revier hat, fängt er als erstes an zu singen. Das schreckt andere Männchen ab und lockt Weibchen an, zumindest dann, wenn der Vogel das Lied seiner Art kennt. In der Regel hat er es von seinen Eltern gelernt, als er noch als Küken im Nest saß. Ein Kuckuck hat daher Schwierigkeiten, denn er hat seine Eltern nie singen

Linke Seite: Noch eine kleine Weile, und die jungen Schleiereulen müssen sich selbst die Mäuse holen.

Oben: Steht ein Rotkehlchen erst einmal auf eigenen Beinen, muß es auch selbst für Sauberkeit sorgen. Das Bad macht ihm aber sichtlich Spaß.

hören. Die Rohrsänger zum Beispiel, die Rotschwänze oder manchmal auch Rotkehlchen, die ihn großgezogen haben, sangen ihr eigenes Lied. Würde der Kuckuck dieses Lied in seinem Revier nachsingen, käme ein Weib-

chen der falschen Art, und seine Mühe wäre umsonst. Statt dessen singt der Kuckuck ein Lied, das er nicht erlernt hat, sondern das ihm angeboren ist: *Kuckuck, Kuckuck*.

Wenn junge Säugetiere die Möglichkeit haben, trinken sie bei ihrer Mutter, solange sie Milch hat. Beim Großen Panda (linke Seite) sind das etwa fünf Monate, bei den Katzen (unten) ungefähr acht Wochen.

Um die Zeit, da sie selbst Junge bekommen, hören die meisten Tiere auf zu wachsen. Auch beim Menschen kommt kaum noch etwas hinzu, wenn er erst mal ausgewachsen ist. Nur die Nase und die Ohrläppchen werden bis zum siebzigsten Lebensjahr immer noch etwas größer. Aber auch wenn kaum noch etwas hinzukommt, so kann das, was bei einem Tier verlorengeht, doch ersetzt

werden. Wenn du eine Eidechse am Schwanz packst, hältst du plötzlich einen losen Schwanz in der Hand, während sich die Eidechse auf und davon macht. Den Schwanz vermißt sie nicht so sehr, der wächst mindestens einmal nach. Die Eidechse ist eigens so beschaffen, daß sie genau dort abbricht, wo der Schwanz anfängt. Sie opfert lieber ein Stückchen ihres Körpers als ihr Leben.

Krabben und Krebse opfern anstelle ihres Schwanzes ein Bein. Auch das wächst wieder nach. In dieser Hinsicht bist du schlecht dran. Wenn du einen Arm verlierst, bekommst du keinen neuen. Trotzdem macht dein Körper den Verlust ein wenig wett: Dein anderer Arm entwickelt durch den stärkeren Gebrauch mehr Muskeln. So wird auch, wenn eine deiner Nebennieren entfernt wird, die andere größer. Auch ohne Unfälle und Operationen erneuert dein Körper schadhafte Teile wieder, wie alt du auch sein magst. Sonst hättest du die Haut über deinen Ellenbogen längst durchgescheuert. In deinem Körper bildet sich jeden Monat eine neue Atemschicht in deinen Lungen, Magen und Darm erhalten täglich eine neue Auskleidung.

Die wichtigsten Entwicklungen aber finden in der Jugend statt. Ein Drittel deines Lebens vergeht mit Vorbereitungen auf ein Leben auf eigenen Füßen. Der eine verläßt sein Elternhaus früher, um sofort arbeiten zu gehen, der andere besucht so lange wie möglich die Schule. In jedem Fall aber ist der Anlauf recht lang. Das läßt für den Sprung, der danach kommt, einiges hoffen. Diese Hoffnungen mußt du dir selbst erfüllen. Es ist nur gut, daß du das auf deinen eigenen Füßen tun kannst, denn das sind die besten Füße, die es überhaupt gibt.

Smaragdeidechsen, die in Gruppen aufwachsen (oben), werden schneller groß und stark als zum Beispiel Zauneidechsen, die allein leben (ganz oben).

Rechte Seite: Schon wenige Stunden nach der Geburt steht ein Fohlen auf seinen Beinen – etwas wacklig noch, aber es steht! Mit zwei Wochen ist es schon ein richtiger Springinsfeld, so wie dieses hübsche Kerlchen.

Tiere von A bis Z

Die Seitenzahlen verweisen auf den Haupttext und die Kapitelanfänge, die unterstrichenen auf Bilder und Bildtexte.

Bücher für Kinder, die mehr wissen wollen – eine Auswahl

«Wir kennen seit langem Veröffentlichungen aus dieser Sachbuch-Reihe des Verlages und wissen, was wir von ihrem Inhalt und von der Aufmachung erwarten können, nämlich ausgezeichnete Farbfotos und einen sachlich korrekten Text, der alles bringt, was beobachtbar und für Kinder verständlich ist. Ich könnte keine bessere Sachbuchreihe für 5–8jährige benennen.»

DEUTSCHES JUGENDSCHRIFTENWERK

H. und A. Fischer-Nagel
Ein Kätzchen kommt zur Welt
40 Seiten mit 45 Farbfotos

Claudia Schnieper/Felix Labhard
Dem Fuchs auf der Spur
40 Seiten mit 50 Farbfotos

H. und. A. Fischer-Nagel
Das Eselbuch
40 Seiten mit 45 Farbfotos

Hans-Heinrich Isenbart/
Thomas David
Ein Fohlen kommt zur Welt
40 Seiten mit 35 Farbfotos

Markus Kappeler/Jin Xuqi
Der große Panda – Bedrohtes Leben im Bambuswald
48 Seiten mit 56 Farbfotos

Paul H. Bürgel/Manfred Hartwig
Bei den Berggorillas
40 Seiten mit 44 Farbfotos

Hans-Heinrich Isenbart/
Jay Featherley
Mustangs – Wildpferde in Amerika
40 Seiten mit 35 Farbfotos

Claudia Schnieper/Felix Labhard
Baumeister Dachs
40 Seiten mit 50 Farbfotos